초등학생을 위한

표준 한국어 익힘책

고학년
의사소통 2

초등학생을 위한

표준 한국어 익힘책

 국립국어원 기획 | 이병규 외 집필

고학년
의사소통 2

마리북스

발간사

　국립국어원에서는 교육부 2012년 '한국어 교육과정' 고시에 따라 교육과정을 반영한 학교급별 교재 개발을 진행하였습니다. 이어서 2017년 9월에 '한국어 교육과정'이 개정·고시(교육부 고시 제2017-131호)됨에 따라 2017년에 한국어(KSL) 교재 개발 기초 연구를 수행하였고, 연구 결과를 바탕으로 초등학교 교재 11권, 중고등학교 교재 6권을 개발하여 2019년 2월에 출판하였습니다.

　교재에 더하여 학교 현장에서 다문화가정 학생들의 한국어 의사소통 능력 및 학습 능력 함양에 보탬이 되고자 익힘책을 개발하게 되었습니다. 교재와의 연계성을 높인 내용으로 구성하여 말 그대로 익힘책을 통해 한국어를 더 잘 익힐 수 있도록 노력하였습니다. 더불어 익힘책의 내용을 추가 반영한 지도서를 함께 출판하여 현장에서 애쓰시는 일선 학교 담당자들과 선생님들에게도 교재 사용의 길라잡이를 제공하고자 하였습니다.

　'다문화'라는 말이 더 이상 낯설지 않은 한국 사회에서 다문화가정 학생들이 한국 사회 구성원으로서의 정체성 함양에 밑거름이 되는 한국어 능력을 기르는 데《초등학생을 위한 표준 한국어》가 도움이 되기를 바랍니다. 국립국어원에서는 이제껏 그래왔듯이 교재 개발 결과가 현장에서 보다 잘 활용될 수 있도록 돕기 위하여 교재 개발은 물론 교원 연수 등을 통해 지속적으로 다문화가정 학생들의 한국어 능력 향상을 위해 노력하겠습니다.

　끝으로 3년간《초등학생을 위한 표준 한국어》교재와 익힘책, 지도서 개발과 발간을 위해 애써 주신 교재 개발진과 출판사에 깊은 감사의 말씀을 드립니다.

2020년 1월
국립국어원장 소강춘

머리말

　새로 발행되는《초등학생을 위한 표준 한국어 익힘책》은 2019년에 개정되어 출판된《초등학생을 위한 표준 한국어》와 함께 사용하는 보조 교재입니다. 본교재로서《초등학생을 위한 표준 한국어》는 고학년과 저학년의 학령과 숙달도에 맞게 각 4권, 총 8권으로 출판된 〈의사소통 한국어〉 교재와 세 학년군, 세 권 책으로 분권 출판된 〈학습 도구 한국어〉 교재를 통해 초등학생들의 한국어(KSL) 학습의 바탕이 되고 있습니다. 익힘책 교재는 이들 교재와 긴밀하게 연계된 단원 구성을 가지고 있으며, 본교재의 한국어(KSL) 학습 내용을 다시 떠올리고 관련된 연습 활동을 충분히 수행할 수 있도록 구성되었습니다.

　〈초등학생을 위한 표준 한국어 의사소통 익힘책〉은 〈의사소통 한국어〉 교재와 연계되어 있으며 일상생활과 학교생활의 다양한 장면 속에서 어휘와 문법을 연습할 수 있도록 편찬되었습니다. 무엇보다도 〈의사소통 한국어〉 본단원에서 학습한 목표 어휘와 문법을 다양한 상황에 따라 사용할 수 있고 말하고, 듣고, 읽고 쓰는 주요한 언어 기능의 통합적 사용을 되새기며 연습할 수 있도록 하는 활동이 주요하게 제시되었습니다. 〈학습 도구 한국어〉 교재와 연계된 〈초등학생을 위한 표준 한국어 학습 도구 익힘책〉은 교실 수업과 교과 학습 상황에 필요한 주요한 어휘와 학습 개념을 복습하고 활용하는 내용들로 채워져 있습니다. 본단원에서 제시된 학습 도구 어휘, 교과 연계적 개념과 기능들을 특히 읽기와 쓰기의 문식성 활동들을 통해 되새기고 연습할 수 있도록 합니다.

　2019년에 개정 출판되었던《초등학생을 위한 표준 한국어》교재와 마찬가지로, 새로 출판되는《초등학생을 위한 표준 한국어 익힘책》역시 초등학생 학습자와 초등 교육 현장의 특성을 충분히 이해하고 반영하려는 여러 노력들을 바탕으로 한 것입니다. 익힘책 편찬에서는 교실에서의 학습 조건이나 교재를 활용하는 다양한 환경이 많이 고려되었습니다. 학습자와 교사 모두가 본교재에 접근하는 데에 실질적인 도움을 얻고 어려움을 덜 수 있도록 익힘책이 보조하도록 하였습니다.

　《초등학생을 위한 표준 한국어 익힘책》편찬을 위해 많은 관심과 지원을 아끼지 않은 국립국어원 소강춘 원장님을 비롯한 관계자 여러분께 감사드립니다. 본교재와 더불어 익힘책 교재로 이어졌던 고된 집필을 마무리하기까지, 노력과 진심을 다해 주신 연구 집필진 선생님들께, 그리고 마리북스 정은영 대표를 비롯한 출판에 도움을 주신 많은 분들께도 감사의 마음을 전합니다.

2020년 1월
연구 책임자 이병규

《표준 한국어 익힘책 2》는 모두 6차시로 구성되어 있으며, 《표준 한국어 2》의 필수 차시와 연계하여 학습합니다. 《익힘책 2》는 읽기, 쓰기 위주로 학습자의 자기 주도 학습이 가능하도록 하였고, 목표 어휘와 목표 문법을 반복 연습할 수 있도록 구성하였습니다. 《익힘책 2》를 시작하기 전에 '알고 있나요?' 활동을 통해 이 책을 배울 준비가 되었는지를 확인할 수 있습니다. '잘 배웠나요?'는 이 책을 잘 배웠는지 종합 정리하는 활동입니다.

단원 번호와 단원명
단원의 주제를 제목으로 제시하였습니다.

차시 번호와 차시 제목
해당 차시의 주제를 제목으로 제시하였습니다.

목표 어휘 연습
학습 대상 어휘를 다양한 활동을 통하여 연습합니다.

목표 어휘 연습 확장
학습한 어휘를 활용하여 구나 문장 만들기 연습을 합니다.

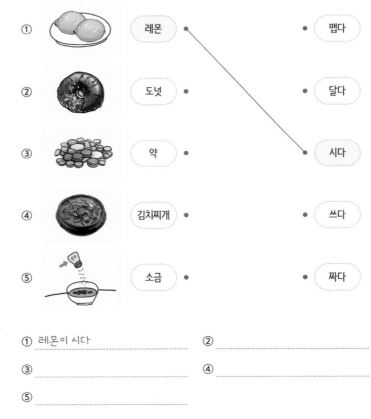

6 음식과 맛

1 음식과 맛

1. 어울리는 낱말을 연결하고 써 봅시다.

① 레몬 — 시다
② 도넛
③ 약
④ 김치찌개
⑤ 소금

맵다
달다
시다
쓰다
짜다

① 레몬이 시다
②
③
④
⑤

72 • 의사소통 한국어 익힘책 2

목표 어휘와 목표 문법

학습 대상 어휘와 문법을
확인할 수 있습니다.

ㅊ ㅇ ㄱ ㄷ
ㄹ ㅁ ㅈ ㄴ
ㅌ ㅎ ㅇ ㅂ
ㅍ

🖊 달다, 쓰다, 시다, 맵다, 싱겁다, 짜다

📖 -어 보다

● 〈의사소통 한국어 2〉 128~129쪽

연계 안내

〈의사소통 한국어 2〉의 연계
쪽수를 안내합니다.

2. 〈보기〉와 같이 써 봅시다.

〈보기〉 비행기를 타다 ➡ 비행기를 타 봤어요.

① 동물원에 가다 ➡ _____.

② 김치를 먹다 ➡ _____.

〈보기〉 불고기를 먹다 ➡ 불고기를 먹어 봐.

① 수영을 배우다 ➡ _____.

② 노래를 ★듣다 ➡ _____.

목표 문법 연습

학습 대상 문법을 연습하고, 학습한
문법 형태를 활용하여 구나 문장
만들기 연습을 합니다. 주의해야
할 문법 항목 앞에 ★표 했습니다.

3. 다음 질문에 대답해 봅시다.

① 엠마, 너
놀이공원에 가 봤어?

② 넌 한국 음식 중에서
뭐 먹어 봤어?

① 응. _____
_____.

② _____
_____.

적용 활동

공부한 내용을 일상생활 상황에
적용하고 실천하며 내면화합니다.

6. 음식과 맛 • 73

1. 자기소개를 해 보세요.

(보충 질문: 이름, 나라, 학교, 학년, 반을 말해 보세요.)

제 이름은 _____ 입니다.

_____에서 왔어요.

_____ 학교 _____ 학년 _____ 반입니다.

2. 이건 뭐예요? 저건 뭐예요? 가방이 있어요? 필통이 있어요?

3. 몇 개(자루, 권)예요?

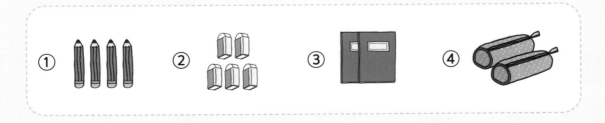

4. 책이 어디에 있어요? 가방하고 공책, 필통은 어디에 있어요?

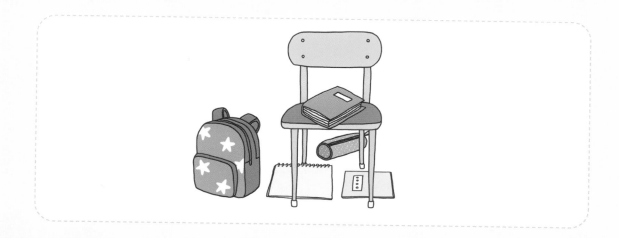

5. 교실이 몇 층에 있어요? 교무실은 몇 층에 있어요?

6. 오후에 어디에 가요? 무엇을 해요?

7. 쉬는 시간이에요. 친구들이 교실에서 무엇을 해요? ○○(친구 이름)은 무엇을 해요?

8. 오늘은 몇 월 며칠이에요? 무슨 요일이에요? 지금 몇 시예요?

9. ○○(친구 이름)은 자전거를 탈 수 있어요? 수영할 수 있어요?

10. 어제 뭐 했어요?

질문에 잘 대답했는지 선생님과 확인해 봅시다.

문항	평가 기준	매우 잘함	잘함	보통
1	이름, 나라, 학교, 학년, 반을 말할 수 있어요. '○○입니다', '○○에서 왔어요'를 사용하여 자기소개를 할 수 있어요.			
2	선생님이 보여 주는 학용품의 이름을 말할 수 있어요. '있어요, 없어요'를 사용하여 학용품이 있는지 없는지 말할 수 있어요.			
3	학용품의 수를 '개, 자루, 권' 등의 단위 명사를 사용하여 말할 수 있어요.			
4	물건의 위치를 말할 수 있어요. '위, 아래, 옆, 앞, 뒤'를 사용하여 말할 수 있어요.			
5	'○○이 ○층에 있어요'를 사용해서 교실과 교무실의 위치를 말할 수 있어요.			
6	집 주변의 장소 이름과 거기에서 하는 활동을 말할 수 있어요.			
7	쉬는 시간에 하는 활동을 말할 수 있어요.			
8	오늘 날짜와 요일을 말할 수 있어요. 시계를 보고 시간을 말할 수 있어요.			
9	할 수 있는 운동과 할 수 없는 운동을 말할 수 있어요.			
10	어제 한 일을 말할 수 있어요.			

1 친구

1 친구와 인사하기

1. 알맞은 말을 골라 써 봅시다.

> 안녕.   잘 가.   고마워.   괜찮아?   반가워.   축하해.

① 친구를 만날 때 인사해요.

안녕.

② 친구와 헤어질 때 인사해요.

내일 보자.

③ 새 친구를 만날 때 인사해요.

만나서

나도 만나서

④ 친구가 도와줄 때 말해요.

내가 도와줄
수 있어.

⑤ 친구를 걱정할 때 말해요.

⑥ 친구가 상을 탔을 때 말해요.

고마워.

🖊 안녕, 만나다, 반갑다, 도와주다, 고맙다, 괜찮다, 축하하다 　　　● 〈의사소통 한국어 2〉 18~19쪽

2. 어울리는 말을 연결해 봅시다.

① 많이 아파?　•　　　•　고마워.

② 너 정말 잘한다.　•　　　•　축하해.

③ 오늘이 내 생일이야.　•　　　•　만나서 반가워.

④ 내 친구야. 서로 인사해.　•　　　•　아니, 괜찮아.

3. 따라 써 봅시다.

① | 고 | 마 | 워 | . |
|---|---|---|---|
| | | | |

② | 괜 | 찮 | 아 | . |
|---|---|---|---|
| | | | |

새 짝

1. 어울리는 말을 연결하고 써 봅시다.

① 토끼는 꼬리가 짧다.

② 원숭이는 꼬리가 _____.

③ _____.

④ _____.

2. 알맞은 말을 골라 써 봅시다.

세다   날씬하다   튼튼하다

① 나는 몸이 건강하고 _____튼튼하다_____ .

② 기린은 목이 길고 _____ .

③ 우리 형은 키가 크고 힘이 _____ .

3. 〈보기〉와 같이 써 봅시다.

〈보기〉 쥐는 몸이 작다. 그리고 이빨이 튼튼하다.
➡ 쥐는 몸이 작고 이빨이 튼튼하다.

① 나는 힘이 세다. 그리고 몸이 튼튼하다.

➡ 나는 힘이 _____ 몸이 _____ .

② 내 친구는 키가 크다. 그리고 다리가 길다.

➡ 내 친구는 키가 _____ 다리가 _____ .

③ 펭귄은 다리가 짧다. 그리고 날개가 작다.

➡ 펭귄은 다리가 _____ 날개가 _____ .

1. 어울리는 낱말을 써 봅시다.

> 걸다   밀다   주다   던지다   흔들다   뛰어가다

① 형이 벽에 그림을 걸었습니다. ---------------------------

② 동생이 공을 멀리 ---------------------------------- .

③ 우리는 책상을 뒤로 --------------------------------- .

④ 언니가 강아지에게 먹이를 ---------------------------- .

⑤ 강아지가 꼬리를 살랑살랑 --------------------------- .

⑥ 약속 시간에 늦었습니다. 그래서 빨리 --------------------- .

2. 어울리는 것을 연결하고 써 봅시다.

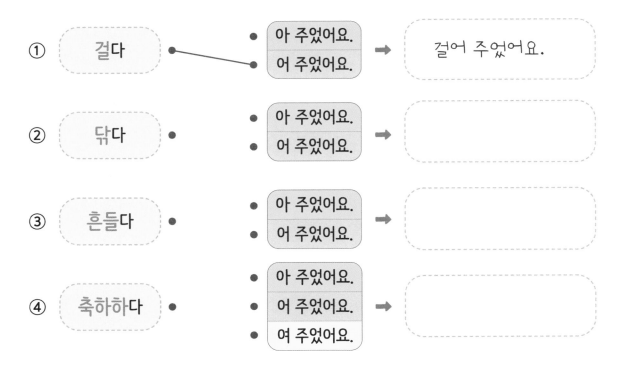

① 걸다 • — 아 주었어요.
         어 주었어요. → 걸어 주었어요.

② 닦다 • 아 주었어요.
         어 주었어요. →

③ 흔들다 • 아 주었어요.
         어 주었어요. →

④ 축하하다 • 아 주었어요.
         어 주었어요.
         여 주었어요. →

3. 〈보기〉와 같이 대답해 봅시다.

〈보기〉

선생님: 장위가 누구에게 전화를 했어요?

학생:　장위가 다니엘에게 전화를 했어요.

① 선생님: 서영이가 누구에게 책을 줬어요?

학생:　서영이가 엠마 _____.

② 선생님: 장위가 누구에게 연필을 선물했어요?

학생:　장위가 오딜 _____.

③ 선생님: 준서가 누구에게 편지를 보냈어요?

학생:　준서가 빈센트 _____.

4. 〈보기〉와 같이 써 봅시다.

〈보기〉

준서가 가방을 들었습니다

➡ 준서가 가방을 들어 주었습니다.

① 오딜이 문을 열었습니다.

➡ 오딜이 문을 _____.

② 유키가 사진을 찍었습니다.

➡ 유키가 사진을 _____.

③ 친구들이 내 생일에 노래를 불렀습니다.

➡ 친구들이 내 생일에 노래를 _____.

4 친구 집

1. 그림에 어울리는 낱말을 써 봅시다.

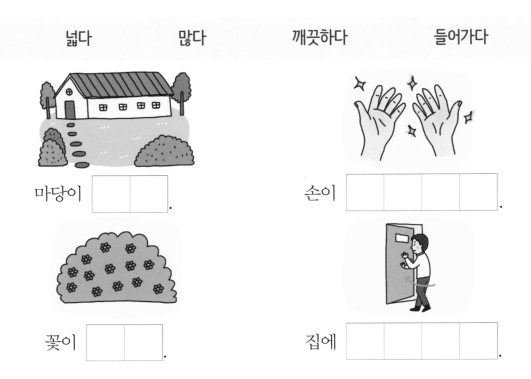

넓다　　　많다　　　깨끗하다　　　들어가다

마당이 ☐☐ .

손이 ☐☐☐ .

꽃이 ☐☐ .

집에 ☐☐☐ .

2. 알맞은 낱말을 써 봅시다.

우리 마을 거리에는 쓰레기가 없다. 항상 [ㄲ][ㄲ][ㅎ][ㄷ]. 그리고 꽃이 많아서 [ㅇ][ㅃ][ㄷ]. 우리 마을 공원은 [ㄴ][ㄷ]. 그리고 사람들이 [ㅁ][ㄷ]. 나는 우리 마을이 좋다.

① [ㄲ][ㄲ][ㅎ][ㄷ] ➡ ☐☐☐

② [ㅇ][ㅃ][ㄷ] ➡ ☐☐

③ [ㄴ][ㄷ] ➡ ☐☐

④ [ㅁ][ㄷ] ➡ ☐☐

3. 어울리는 말을 연결하고 써 봅시다.

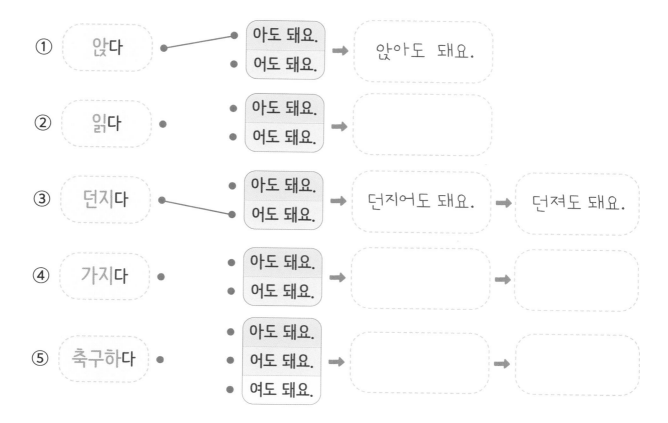

① 앉다 — 아도 돼요. / 어도 돼요. → 앉아도 돼요.

② 읽다 • 아도 돼요. / 어도 돼요. →

③ 던지다 • 아도 돼요. / 어도 돼요. → 던지어도 돼요. → 던져도 돼요.

④ 가지다 • 아도 돼요. / 어도 돼요. →

⑤ 축구하다 • 아도 돼요. / 어도 돼요. / 여도 돼요. →

4. 읽고 빈칸에 알맞은 말을 써 봅시다.

엠마: 유키, 안녕. 들어가도 돼?

유키: 응, _____. 여기가 내 방이야.
(들어오다)

엠마: 방이 _____ 깨끗하다. 인형이 예쁘다.
(넓다)

유키: 그 인형 _____. 난 인형이 많아.
(가지다)

엠마: 고마워.

친한 친구

1. 읽고 빈칸에 알맞은 말을 써 봅시다.

서영이는 친구와 _____ 지내요.
(친하다)

서영이는 잘 ___웃고___, 이야기를 _____ 해요.
(웃다)　　　　　　　　　　　　(재미있다)

친구 말을 잘 들어주고 _____ 말해요.
(친절하다)

서영이는 정말 ___착해요___. 나는 서영이가 _____.
(착하다)　　　　　　　　　　　　　　　(좋다)

2. 알맞은 낱말을 써 봅시다.

① 나는 내 친구가 정말 [ㅈ][ㄷ]. ➡ [　][　]

② 두 친구는 서로 [ㅊ][ㅎ][ㄷ]. ➡ [　][　][　]

③ 그 영화는 참 [ㅈ][ㅁ][ㅇ][ㄷ]. ➡ [　][　][　][　]

④ 우리 선생님은 항상 [ㅊ][ㅈ][ㅎ][ㄷ]. ➡ [　][　][　][　]

3. 〈보기〉와 같이 써 봅시다.

〈보기〉 서영이는 이야기를 <u>재미있게</u> 해요.
(재미있다)

① 바람이 _____ 불어요.
(세다)

② 나는 손톱을 _____ 잘랐어요.
(짧다)

③ 사람들이 _____ 줄을 섰어요.
(길다)

④ 잘 안 들려요. _____ 말씀해 주세요.
(크다)

⑤ 친구가 머리를 _____ 묶고 왔어요.
(예쁘다)

4. 어울리는 말을 연결하고 문장을 읽어 봅시다.

① 친구를 만났어요.　　　　　●　　　　　● ㉠ 깨끗하게 청소하세요.

② 너무 시끄러워요.　　　　　●　　　　　● ㉡ 반갑게 인사해요.

③ 교실에 쓰레기가 많아요.　●　　　　　● ㉢ 작게 말하세요.

1. 읽고 빈칸에 알맞은 말을 써 봅시다.

빈센트: 안녕하세요. 빈센트예요.

선생님: 빈센트는 한국에 언제 왔어요?

빈센트: 저는 2월에 왔어요.

선생님: 빈센트는 2월에 한국에 왔어요. 그리고 3개월이 지났어요.

　　　　빈센트는 한국에 ＿＿＿＿＿＿＿ 3개월이 됐어요.
　　　　　　　　　　　　　　(오다)

빈센트: 네. 저는 한국에 ＿＿＿＿＿＿ 3개월이 ＿＿＿＿＿＿.
　　　　　　　　　　　　　(오다)　　　　　　　　　(되다)

선생님: 그런데도 한국어를 참 잘해요. 만나서 반가워요.

2. 〈보기〉와 같이 써 봅시다.

〈보기〉
한국에 온 지 얼마나 됐어요? (3개월)
➡ 저는 한국에 온 지 3개월이 됐어요.

① 서울에 온 지 얼마나 됐어요? (1년)

➡ 저는 서울에 ＿＿＿＿＿＿＿＿＿＿＿＿＿＿＿＿ 됐어요.

② 한국어 배운 지 얼마나 됐어요? (6개월)

➡ 저는 한국어 ＿＿＿＿＿＿＿＿＿＿＿＿＿＿＿ 됐어요.

③ 그 책을 읽은 지 얼마나 됐어요? (1주일)

➡ 저는 그 책을 ＿＿＿＿＿＿＿＿＿＿＿＿＿＿＿ 됐어요.

3. 주사위 놀이를 해 봅시다.

- 그림에 알맞은 인사말을 하세요.
- 그림에 알맞은 낱말을 골라 문장을 말하세요.

2 가족과 친척

1 우리 가족

1. 알맞은 낱말을 골라 써 봅시다.

아버지	어머니	할아버지	할머니
동생	누나	오빠	형

① ② ③ ④ ⑤

나
(타이선)

⑥

①	②	③
④	⑤	⑥ 동생

2. 알맞은 낱말을 써 봅시다.

아버지   어머니

①   ②   나(서영)   ③   ④

3. 〈보기〉와 같이 나의 가족을 소개하는 글을 써 봅시다.

〈보기〉 저는 서영이에요. 저는 아버지, 어머니, 언니와 같이 살아요.
우리 가족은 모두 4명이에요.

저는 ＿＿＿＿＿＿＿＿＿＿＿＿＿＿＿＿＿＿＿＿＿＿＿＿이에요/예요.

저는 ＿＿＿＿＿＿＿＿＿＿＿＿＿＿＿＿＿＿＿＿＿＿＿＿＿＿

＿＿＿＿＿＿＿＿＿＿＿＿＿＿＿＿＿＿＿＿ 와/과 같이 살아요.

우리 가족은 모두 ＿＿＿＿＿＿＿＿＿ 명이에요.

2 가족사진

1. 어울리는 말을 찾아 연결해 봅시다.

① ㉠ 강아지가 •
   ㉡ 어머니께서 •

                        • 뛰어갑니다.

② ㉠ 친구가 •
   ㉡ 아버지께서 •

                        • 집에 들어오십니다.

③ ㉠ 동생이 •
   ㉡ 할머니께서 •

                        • 일기를 씁니다.

④ ㉠ 언니가 •
   ㉡ 할아버지께서 •

                        • 책을 읽으십니다.

2. 〈보기〉와 같이 써 봅시다.

〈보기〉 아버지께서 요리를 <u>하십니다.</u>

요리를 하다

①  어머니께서 _____.

웃다

②  할머니_____ 텔레비전을 _____.

텔레비전을 보다

✏️ 계시다, 낮잠, 자다, 주무시다

🧩 께서, -으시-

3. 어울리는 말을 연결하고 따라 써 봅시다.

 ①

 ②

 ③

 ④

친구들이 교실에 있습니다.

선생님께서 교실에 계십니다.

동생이 낮잠을 잡니다.

할머니께서 낮잠을 주무십니다.

4. 그림에 어울리는 글을 써 봅시다.

할아버지 _____ 낮잠을 _____.

아버지 _____ 요리를 _____.

어머니 _____ 책을 _____.

동생은 놀이를 합니다.

1. 알맞은 말을 골라 써 봅시다.

| 다녀요 | 다니세요 | 선생님 | 유치원 |

어머니께서는　　　아버지께서는　　　장위는　　　장위 동생은

① 회사에

_____.

② _____ 에

다녀요.

③ _____

이세요.

④ 학교에

_____.

2. 알맞은 말을 써 봅시다.

① 선생님: 지금 만화책 읽어요?

　 장위:　 아니요, 그림책 읽어요.

　 선생님: 장위는 그림책 __읽는 것__ 을 좋아해요?

　 장위:　 네, 저는 __그림책 읽는 것__ 을 좋아해요.

② 선생님: 지금 밥 먹어요?

　 장위:　 아니요, 빵 먹어요.

　 선생님: 장위는 빵 _____ 을 좋아해요?

　 장위:　 네, 저는 _____ 을 좋아해요.

3. 장위가 가족을 소개하는 글을 읽고 물음에 답해 봅시다.

저는 장위예요.
우리 가족은 모두 네 명이에요.
아버지께서는 회사에 다니세요. 요리하는 것을 좋아하세요.
어머니께서는 선생님이세요. 책 읽는 것을 좋아하세요.
동생은 유치원에 다녀요. 아이스크림 먹는 것을 좋아해요.
저는 음악 듣는 것을 좋아해요.
우리 가족은 사이가 좋아요.

1) 읽고 맞는 것에 ∨ 하세요.

① 장위 가족은 모두 세 명이에요. ☐ 네 ☐ 아니요

② 아버지께서는 선생님이세요. ☐ 네 ☐ 아니요

③ 어머니께서는 책 읽는 것을 좋아하세요. ☐ 네 ☐ 아니요

④ 장위 동생은 학교 다니는 것을 좋아해요. ☐ 네 ☐ 아니요

⑤ 장위 가족은 사이가 좋아요. ☐ 네 ☐ 아니요

2) 알맞은 말을 써 보세요.

① 장위 아빠는 뭐 하는 것을 좋아하세요?

➡ 장위 아빠는 _____요리하는 것_____을 좋아하세요.

② 장위 동생은 뭐 하는 것을 좋아해요?

➡ 장위 동생은 _____을 좋아해요.

③ 장위는 뭐 하는 것을 좋아해요?

➡ 장위는 _____을 좋아해요.

4 가족 행사

1. 어울리는 말을 연결하고 써 봅시다.

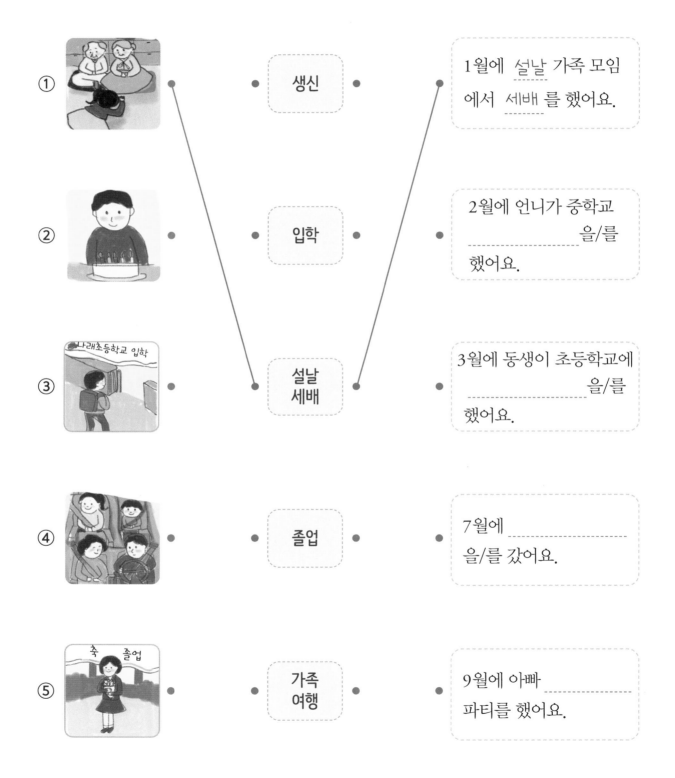

① — 설날 세배 — 1월에 설날 가족 모임에서 세배 를 했어요.

생신

입학 — 2월에 언니가 중학교 _____ 을/를 했어요.

②

③ — 설날 세배 — 3월에 동생이 초등학교에 _____ 을/를 했어요.

졸업 — 7월에 _____ 을/를 갔어요.

④

가족 여행 — 9월에 아빠 _____ 파티를 했어요.

⑤

2. 어울리는 낱말을 연결해 봅시다.

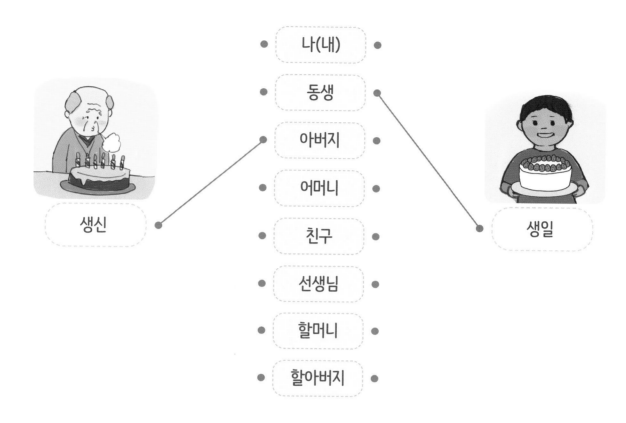

3. 알맞은 말을 써 봅시다.

1월 1일은 ㅅㄴ 입니다. ㅅㄴ 아침에 할아버지, 할머니, 아버지, 어머니께 ㅅㅂ 를 드렸습니다. 5월 8일 ㅇㅂㅇㄴ 에는 가족 모임을 했습니다. ㅇㅂㅇㄴ 은 아버지, 어머니의 사랑에 감사하는 날입니다. 나는 아버지, 어머니께 빨간 카네이션을 드렸습니다.

① ㅅㄴ ➡ ☐☐   ② ㅅㅂ ➡ ☐☐

③ ㅇㅂㅇㄴ ➡ ☐☐☐

5 가족 안부

1. 〈보기〉와 같이 써 봅시다.

〈보기〉 음악을 듣다
장위가 음악을 듣고 있어요.

① 수영을 하다
남동생이 _____.

② 아이스크림을 먹다
여동생이 _____.

③ 자동차를 타다
서영이가 _____.

2. 〈보기〉와 같이 써 봅시다.

〈보기〉 책을 읽다
어머니께서 책을 읽고 계십니다.

① 요리를 하다
아버지께서 _____.

② 텔레비전을 보다
할머니께서 _____.

③ 빈센트를 소개하다
선생님께서 _____.

3. 〈보기〉와 같이 대답해 봅시다.

〈보기〉
서영이가 뭐 하고 있어요?
서영이가 <u>엄마와 통화하고 있어요</u>.
(엄마와 통화하다)

① 아빠는 뭐 하고 계세요?
아빠는 _____.
(샤워하다)

② 여동생은 뭐 하고 있어요?
여동생은 _____.
(텔레비전을 보다)

③ 남동생은 뭐 하고 있어요?
남동생은 _____.
(밥을 먹다)

④ 강아지가 뭐 하고 있어요?
강아지가 _____.
(잠을 자다)

1. 알맞은 낱말을 골라 써 봅시다.

고모   사촌   이모   외삼촌

작은아버지   큰아버지   외할머니   외사촌

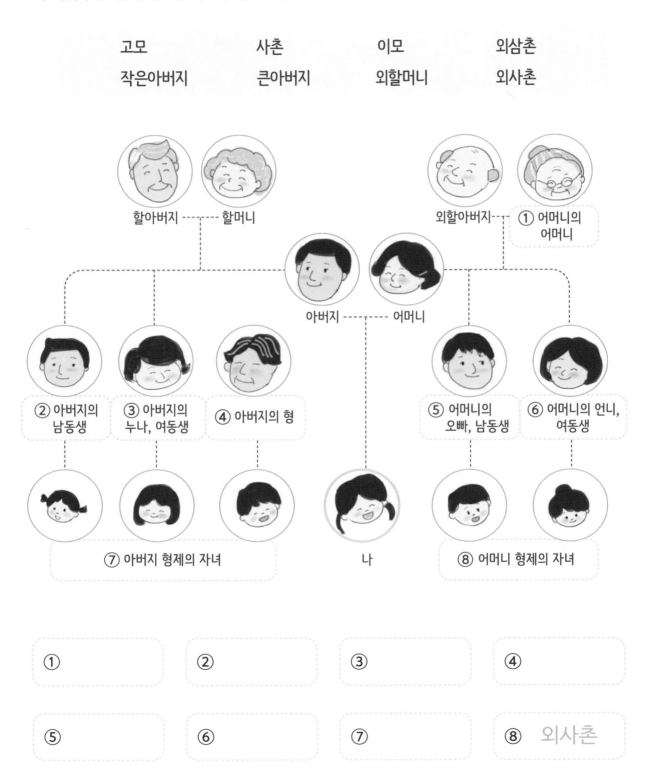

할아버지 ----- 할머니

외할아버지 ----- ① 어머니의 어머니

아버지 ----- 어머니

② 아버지의 남동생

③ 아버지의 누나, 여동생

④ 아버지의 형

⑤ 어머니의 오빠, 남동생

⑥ 어머니의 언니, 여동생

⑦ 아버지 형제의 자녀

나

⑧ 어머니 형제의 자녀

①

②

③

④

⑤

⑥

⑦

⑧ 외사촌

2. 친척 말판 놀이를 해 봅시다.

〈놀이 방법〉

① 친구와 몇 바퀴를 돌지 정해요.
② 주사위를 던져서 그 수만큼 앞으로 가요.
③ 설명을 읽고 낱말을 말해요.
 *낱말을 말하면 그 자리에 머물러요.
 *낱말을 말하지 못하면 처음 자리로 되돌아가요.
④ 출발로 먼저 돌아오는 사람이 이겨요.

출발

아버지의 아버지
어머니의 언니
어머니의 어머니
폭탄 출발로 가세요.
큰아버지의 아들과 딸
어머니의 오빠
아버지의 누나
아버지의 남동생
어머니의 여동생
앞으로 3칸
나보다 나이가 어린 형제
어머니의 아버지
아버지의 형
쉼터 한 번 쉬세요.
이모의 아들과 딸
아버지의 여동생
어머니의 남동생
아버지의 어머니
뒤로 2칸

3 학교 수업

1 시간표

1. 어울리는 말을 연결하고 낱말을 따라 써 봅시다.
   그리고 낱말을 연결할 때 다음과 같이 말해 봅시다.

나는 학교에서
☐☐을/를 배워.

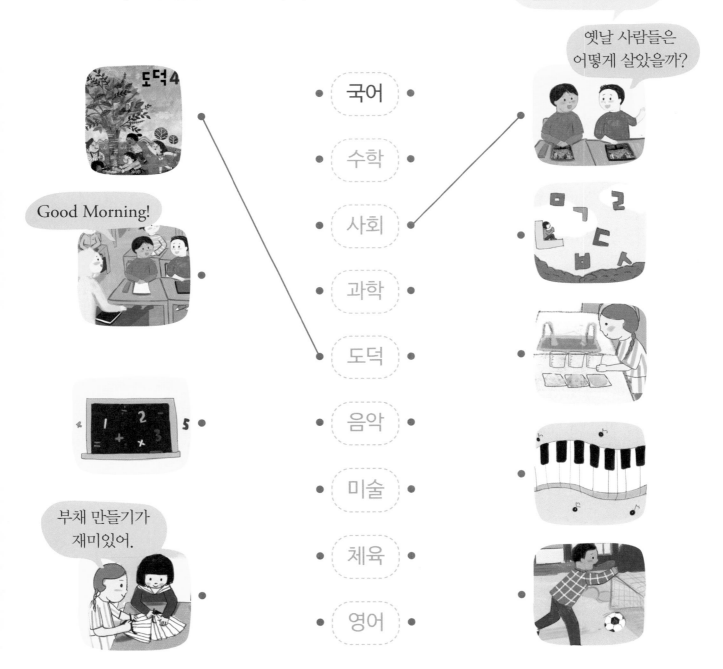

2. 〈놀이 방법〉을 읽고 〈보기〉와 같이 써 봅시다.

〈놀이 방법〉

① 그림 카드를 책상 위에 놓아요.
② 가위바위보를 해요.
③ 이긴 사람이 그림 카드 1장을 골라요.
④ 그림을 보고 인사말을 해요.

〈보기〉   가위바위보를 <u>한 후에</u> 뭐 해요?
이긴 사람이 그림 카드 1장을 골라요.

① 그림 카드를 책상 위에 _____ 뭐 해요?
가위바위보를 해요.

② 그림 카드 1장을 _____ 뭐 해요?
그림을 보고 인사말을 해요.

〈보기〉   그림을 보고 인사말을 <u>하기 전에</u> 뭐 해요?
그림 카드 1장을 골라요.

① 그림 카드 1장을 _____ 뭐 해요?
가위바위보를 해요.

② 가위바위보를 _____ 뭐 해요?
그림 카드를 책상 위에 놓아요.

2 학교 준비물

1. 대화를 읽어 봅시다.

1) 알맞은 말을 찾아 써 보세요.

가져와요?　　　아무것이나　　　준비하세요.　　　나누어 줘요.

① 내일 그리기를 해요.
색연필을 _____

③ 아니요, 도화지는
학교에서 _____

④ 네, 동물은 _____
그려도 돼요.

② 선생님, 도화지도
_____

강아지 그려도 돼요?

2) 낱말을 따라 써 보세요.

가져오다	나누다	준비하다	아무것
가져오다	나누다	준비하다	아무것
가져오다			

2. 그림에 어울리는 말을 써 봅시다.

가족을 기쁘게 해요

① 청소하다   ② 대화하다   ③ 일어나다   ④ 정리하다

① 내 방은 내가 _____ 청소하기 _____

② 컴퓨터 게임 안 하고 가족과 _____

③ 일찍 자고 일찍 _____

④ 밥을 먹고 식탁 _____

3. 선생님의 설명을 간단하게 써 봅시다.

①   ②   ③

① 색종이를 똑같이 접으세요. ➡ 색종이 _____ 접기 _____
                                        (접다)

② 색종이를 차례대로 붙이세요. ➡ 종이 _____
                                        (붙이다)

③ 색종이로 무늬를 만드세요. ➡ 무늬 _____
                                        (만들다)

3 과학 시간

1. 어울리는 낱말을 연결해 봅시다.

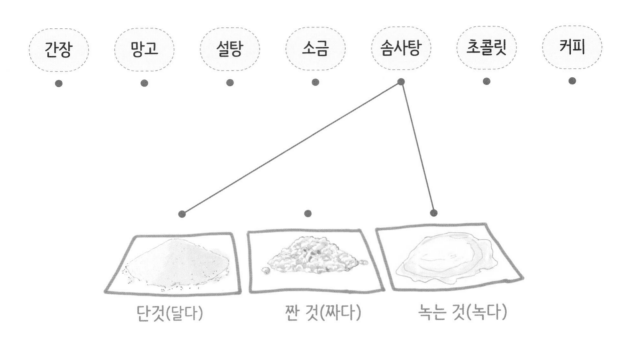

단것(달다)   짠 것(짜다)   녹는 것(녹다)

2. 알맞은 낱말을 써 봅시다.

노랑에 다른 것을
섞어 보세요.

준서는 초록이 됐어요.
준서가 _____ 은
파랑이에요.

엠마는 주황이 됐어요.
엠마가 _____ 은
빨강이에요.

3. 알맞은 말을 써 봅시다.

① 엠마: 어제 오딜에게 ____준 것____ 이 뭐야?

다니엘: 어제 오딜에게 _____ 은 사진이야.

② 오딜: 이거 정말 달다.

다니엘: 지금 먹은 것이 사탕이야?

오딜: 아니, 지금 _____ 은 초콜릿이야.

③ 장위: 주말에 열심히 공부했어.

서영: 네가 열심히 _____ 이 뭐야?

장위: 내가 열심히 _____ 은 수학이야.

4. 낱말을 찾아봅시다.

단	후	추	아	루
춧	식	초	이	소
가	자	설	스	금
루	사	탕	크	간
밀	가	루	림	장

1) 맛이 단 것을 찾아 써 보세요.

①　_____

②　_____

③　_____

2) 색깔이 하얀 것을 찾아 써 보세요.

①　_____

②　_____

③　_____

4 수학 시간

1. 어울리는 말을 연결하고 빈칸에 알맞은 말을 써 봅시다.

배운 것을 다시 공부하다.	배울 것을 미리 공부하다.	어떤 것을 집어 보이다.

가리키다 ● 복습하다 ● 예습하다 ●

타이선이 손가락으로 시계를 <u>가리켰어요</u>.	타이선이 내일 배울 것을 _____.	타이선이 오늘 배운 것을 _____.

2. 〈보기〉와 같이 써 봅시다.

 〈보기〉

6시~7시 한국어를 공부하다	나는 내일 저녁 <u>6시부터 7시까지</u> <u>한국어를 공부할 거예요.</u>

①
7월~8월 태국에 가다	우리 가족은 내년 _____ _____.

②
금요일~일요일 친척 집에 가다	나는 다음 금요일 ____ 일요일 ____ 친척 집에 _____.

③
5일~8일 가족 여행을 가다	우리는 다음 달 _____ _____.

3. 글을 읽고 대답해 봅시다.

선생님: 시계가 지금 몇 시를 가리켜요?

타이선: 7시 30분이에요.

선생님: 타이선은 오늘 저녁 7시 30분에

뭐 할 거예요?

타이선: 오늘 배운 것을 다시 공부할 거예요.

선생님: 아, 복습할 거예요? 예습도 할 거예요?

타이선: 네, 수학을 예습할 거예요.

1) 읽고 맞는 것에 ∨ 하세요.

① 시계가 지금 7시 30분을 가리켜요. ☐ 네 ☐ 아니요

② 타이선은 오늘 배운 것을 복습할 거예요. ☐ 네 ☐ 아니요

③ 타이선은 오늘 수학을 예습할 거예요. ☐ 네 ☐ 아니요

④ 타이선은 오늘 친척을 만날 거예요. ☐ 네 ☐ 아니요

2) 알맞은 말을 써 보세요.

① 타이선은 오늘 저녁 7시 30분에 뭐 할 거예요?

타이선은 오늘 배운 것을 ___복습할 거예요___.

② 타이선은 오늘 무엇을 예습할 거예요?

타이선은 오늘 _____.

1. 어울리는 낱말을 연결하고 따라 써 봅시다.

국어사전   리코더   막대그래프

2. 어울리는 말을 골라 써 봅시다.

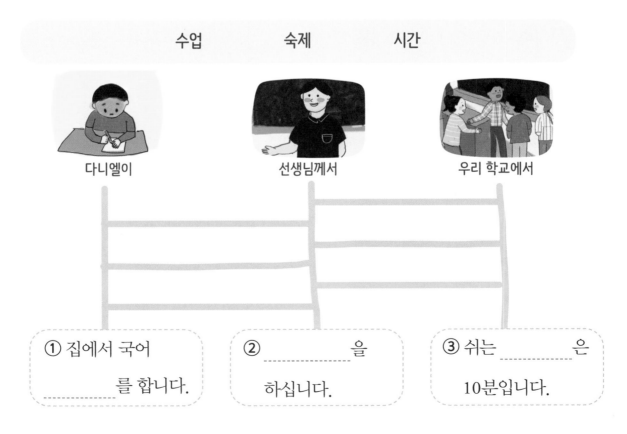

수업   숙제   시간

다니엘이   선생님께서   우리 학교에서

① 집에서 국어 _____ 를 합니다.

② _____ 을 하십니다.

③ 쉬는 _____ 은 10분입니다.

3. 그림을 보고 대답해 봅시다.

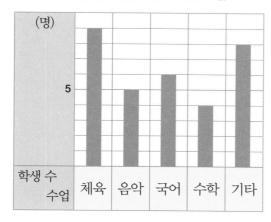

다니엘 반 학생들이 좋아하는 수업

1) 그래프의 이름을 써 보세요.

----

2) 빈칸에 알맞은 말을 써 보세요.

우리 반 친구들은 체육 수업을 제일 좋아해.

----------은 5명이 좋아해.

4. 알맞은 낱말을 써 봅시다.

다니엘의 일기

우리 반 친구들은 체육, 국어, 음악, 수학 [ㅅㅇ]을 좋아합니다. 나는 한국어가 어렵습니다. 그래서 날마다 오늘 [ㅅㅇ][ㅅㄱ]에 배운 것을 [ㅂㅅ]하고, 내일 배울 것을 [ㅇㅅ]합니다. 오늘은 집에서 수학 익힘책 풀기 [ㅅㅈ]를 할 것입니다.

① [ㅅㅇ] ➡ ☐☐   ② [ㅅㄱ] ➡ ☐☐

③ [ㅂㅅ] ➡ ☐☐   ④ [ㅇㅅ] ➡ ☐☐

⑤ [ㅅㅈ] ➡ ☐☐

1. 어울리는 말을 연결하고 낱말을 써 봅시다.

① 1일 • • 나흘 • • 나는 <u>하루</u>에 이를 세 번 닦는다.

② 2일(두 날) • • 매주 • • 어제 삼촌이 오셨다. 내일까지 우리 집에 _____ 동안 계실 것이다.

③ 3일(세 날) • • 사흘 • • 오늘과 내일 _____ 동안 여행을 간다.

④ 4일(네 날) • • 이틀 • • 5일부터 8일까지 _____ 동안 가을 방학을 한다.

⑤ 각각 주마다 • • 하루 • • 우리 가족은 _____ 토요일에 산에 간다.

2. 〈보기〉와 같이 써 봅시다.

〈보기〉 도서관에서 뭐 해요? (책을 읽다, 독서 활동을 하다)
책을 <u>읽거나</u> 독서 활동을 해요.

① 내일 날씨가 어때요? (흐리다, 비가 오다)
_____ 비가 올 것 같아요.

② 배가 아플 때 어디 가요? (약국에 가다, 병원에 가다)
약국에 _____ 병원에 가요.

③ 너는 심심할 때 뭐 해? (텔레비전을 보다, 동생과 놀다)
_____ 동생과 놀아.

3. 글을 읽고 써 봅시다.

> 우리 학교는 매주 월요일 아침에 줄넘기를 합니다.
> 10일부터 이틀 동안 독서 행사를 합니다.
> 16일부터 나흘 동안 수영 교육을 합니다.
> 29일부터 사흘 동안 영어 캠프를 합니다.

1) 알맞은 말을 써 보세요.

   ① 독서 행사는 10일부터 <u>11일</u> 까지 해요.

   ② 수영 교육은 16일부터 _____ 까지 해요.

   ③ 영어 캠프는 29일부터 _____ 까지 해요.

2) 달력에 학교 행사 계획을 써 보세요.

(독서 행사)　　(수영 교육)　　(영어 캠프)　　(줄넘기)

학교 행사 계획

일	월	화	수	목	금	토
	1 줄넘기	2	3	4	5	6
7	8 줄넘기	9	10	11	12	13
14	15	16	17	18	19	20
21	22	23	24	25	26	27
28	29	30	31			

1 오늘의 날씨

1. 알맞은 말을 골라 써 봅시다.

맑다	흐리다	비가 오다	눈이 오다
바람이 불다	천둥 번개가 치다	영상	영하

①   비가 오다 | 비 | 가 | 와 | 요 | . |

②

③

④

⑤

⑥

⑦   -5℃ | | | 5 | 도 |

⑧   25℃ | | | 25 | 도 |

2. 알맞은 말을 골라 ○표 해 봅시다.

① 오늘은 날씨가 [맑아요 | 흐려요] .

② 오늘 아침에 [비가 | 눈이] 왔어요.

③ 오후에 [천둥 번개가 쳤어요 | 흐렸어요] .

④ 어제는 [바람이 많이 불었어요 | 눈이 많이 왔어요] .

⑤ 내일은 [맑을 거예요 | 눈이 올 거예요] .

3. 〈보기〉와 같이 써 봅시다.

〈보기〉
날씨가 어때요?
흐려요.

① 날씨가 어때요?
_____.

② _____?
눈이 많이 와요.

③ _____?
비도 오고 바람도 불어요.

날씨와 옷차림

1. 알맞은 말을 골라 써 봅시다.

춥다   덥다   따뜻하다   쌀쌀하다   시원하다

①   따뜻하다

따	뜻	해	요	.

②

③

④

⑤

2. 〈보기〉와 같이 써 봅시다.

〈보기〉   치마가 짧다 ➡ 짧은 치마

① 점퍼가 얇다   ➡

② 우유가 따뜻하다   ➡

③ 날씨가 ★덥다   ➡

④ 바지가 ★길다   ➡

3. 그림에 맞는 것을 골라 ∨표 해 봅시다.

<보기> □ 따뜻한 물 ☑ 시원한 물

① □ 두꺼운 외투 □ 얇은 외투

② □ 긴 바지 □ 짧은 바지

③ □ 머리가 짧은 사람 □ 머리가 긴 사람

④ □ 재미있는 책 □ 재미없는 책

4. 〈보기〉와 같이 대화를 만들어 봅시다.

<보기> 준서가 뭘 마셔요?

준서가 <u>따뜻한 물을</u> 마셔요.
(따뜻하다)

① 타이선이 무엇을 먹고 싶어 해요?

타이선이 _____ 을/를 먹고 싶어 해요.
(시원하다)

② 장위가 어떤 옷을 입었어요?

장위가 _____.
(빨갛다)

③ 빈센트는 뭘 먹을 거예요?

_____.
(맛있다)

1. 어울리는 낱말을 연결하고 써 봅시다.

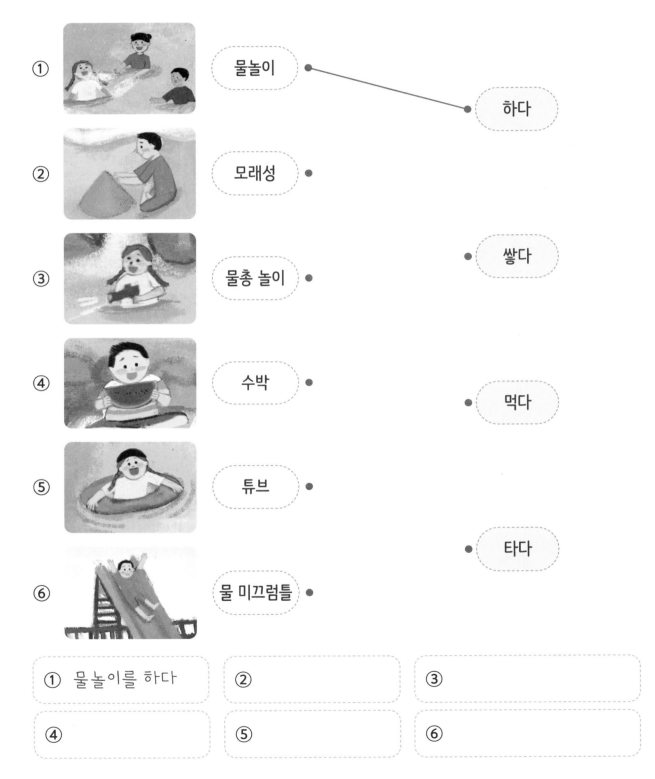

① 물놀이 ——— 하다

② 모래성

③ 물총 놀이 · · 쌓다

④ 수박 · · 먹다

⑤ 튜브 ·

· 타다

⑥ 물 미끄럼틀 ·

① 물놀이를 하다	②	③
④	⑤	⑥

2. 읽고 〈보기〉와 같이 써 봅시다.

여름에 많은 것을 할 수 있어요.

여름에는 바다에서 물놀이를 할 수 있어요. 또 해변에는 모래가 많아요.
　　　　　　　　　　(물놀이를 하다)

그래서 동생과 ①ㅡㅡㅡㅡㅡㅡㅡㅡㅡㅡㅡㅡㅡㅡ.
　　　　　　　　　　(모래성도 쌓다)

그리고 맛있는 ②ㅡㅡㅡㅡㅡㅡㅡㅡㅡㅡㅡㅡㅡ.
　　　　　　　　　(수박과 복숭아도 먹다)

또 여름 방학에는 할머니 댁에서 오랫동안 ③ㅡㅡㅡㅡㅡ.
　　　　　　　　　　　　　　　　　　　　　(있다)

저는 많은 것을 할 수 있는 여름이 좋아요.

3. 〈보기〉와 같이 대화를 완성해 봅시다.

〈보기〉　　비가 올 때 운동장에서 놀 수 있어요?
　　　　　아니요, 비가 올 때는 운동장에서 놀 수 없어요.

① 여름에 수박을 먹을 수 있어요?
　　네, 여름에 수박을 ㅡㅡㅡㅡㅡㅡㅡㅡㅡㅡㅡㅡㅡㅡ.

② 겨울에 바다에서 수영할 수 있어요?
　　아니요, 겨울에는 바다에서 ㅡㅡㅡㅡㅡㅡㅡㅡㅡㅡ.

③ 제주도 할머니 댁에 버스로 갈 수 있어요?
　　아니요, 제주도 할머니 댁에 버스로 ㅡㅡㅡㅡㅡㅡ.
　　비행기로 ㅡㅡㅡㅡㅡㅡㅡㅡㅡㅡㅡㅡㅡㅡㅡㅡ.

4 겨울 놀이

1. 어울리는 낱말을 연결하고 써 봅시다.

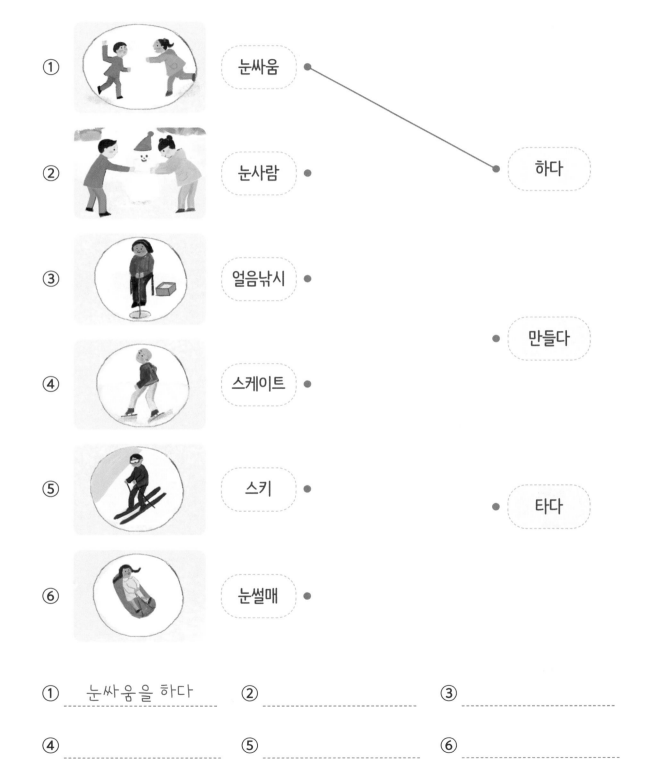

① 눈싸움   하다

② 눈사람

③ 얼음낚시

④ 스케이트   만들다

⑤ 스키   타다

⑥ 눈썰매

① 눈싸움을 하다 ②_____ ③_____

④_____ ⑤_____ ⑥_____

2. 〈보기〉와 같이 써 봅시다.

〈보기〉 눈이 와요. 눈싸움을 하러 가요.
➡ 눈이 오면 눈싸움을 하러 가요.

① 방학이 돼요. 할머니 댁에 갈 거예요.

➡ 방학이 _____ 할머니 댁에 갈 거예요.

② 날씨가 좋아요. 소풍을 가고 싶어요.

➡ 날씨가 _____ 소풍을 가고 싶어요.

③ 노래를 들어요. 기분이 좋아져요.

➡ 노래를 ★ _____ 기분이 좋아져요.

④ 교실에서 떠들어요. 선생님께 혼나요.

➡ 교실에서 ★ _____ 선생님께 혼나요.

3. 겨울이 되면 무엇을 할 거예요? 〈보기〉와 같이 써 봅시다.

〈보기〉 저는 겨울이 되면 친구들과 같이 눈썰매장에 갈 거예요.
친구들과 눈썰매를 타면 재미있을 거예요.

저는 _____ 친구들과 같이 _____

친구들과 _____

정말 재미있을 거예요.

1. 어울리는 낱말을 연결하고 써 봅시다.

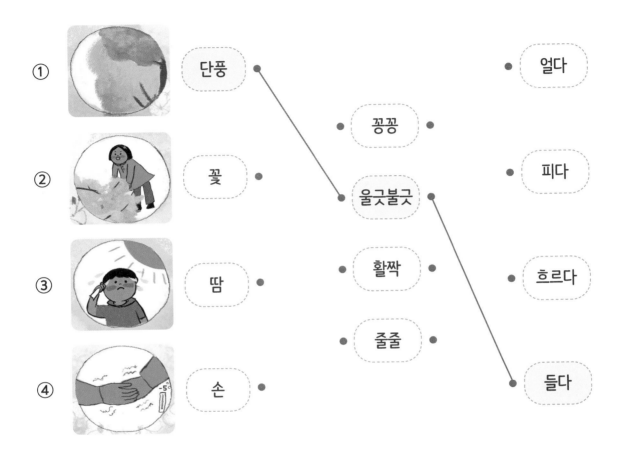

① 단풍 · · 얼다

· 꽁꽁 ·

② 꽃 · · 피다

· 울긋불긋 ·

③ 땀 · · 활짝 · · 흐르다

· 줄줄 ·

④ 손 · · 들다

2. 알맞은 말을 찾아 ○표 해 봅시다.

① 날씨가 더웠어요. ➡ 그래서 ⬭땀이 흘렀어요⬭ 손이 얼었어요 .

② 봄이 왔어요. ➡ 그래서 단풍이 들었어요 꽃이 피었어요 .

③ 장갑이 없었어요. ➡ 그래서 바람이 불었어요 손이 얼었어요 .

④ 가을이에요. ➡ 그래서 눈이 왔어요 단풍이 들었어요 .

3. 어울리는 것을 연결하고 써 봅시다.

① 내일 리코더 시험이 있다 ●   ● 친구들이 모두 좋아해요.

② 어제 교실 청소를 하다 ●   ● 교실이 깨끗해요.

③ 준서는 친절하다 ●   ● 유키에게 카드를 썼어요.

④ 내일이 유키 생일이다 ●   ● 집에서 연습했어요.

① 내일 리코더 시험이 있어서 집에서 연습했어요.

② _____

③ _____

④ _____

4. 〈보기〉와 같이 질문에 대답해 봅시다.

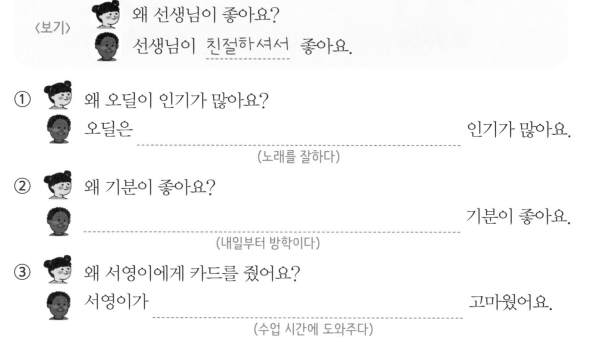

〈보기〉 왜 선생님이 좋아요?
선생님이 <u>친절하셔서</u> 좋아요.

① 왜 오딜이 인기가 많아요?
오딜은 _____ 인기가 많아요.
(노래를 잘하다)

② 왜 기분이 좋아요?
_____ 기분이 좋아요.
(내일부터 방학이다)

③ 왜 서영이에게 카드를 줬어요?
서영이가 _____ 고마웠어요.
(수업 시간에 도와주다)

날씨에 따라 주의할 점

1. 알맞은 말을 골라 써 봅시다.

길이 얼다   미끄러지다   우산을 쓰다
감기에 걸리다   마스크를 쓰다   미세 먼지가 심하다

①

우산을 쓰다
----

②

----

③

----

④

----

⑤

----

⑥

5월 5일 (토요일)

미세먼지
나쁨

----

2. 어울리는 것을 연결하고 써 봅시다.

① 우산을 쓰면 ●   ● 감기에 걸려요.

② 길이 얼어서 ●   ● 미끄러졌어요.

③ 미세 먼지가 심해서 ●   ● 마스크를 썼어요.

④ 추울 때 얇은 옷을 입으면 ●   ● 앞이 잘 안 보여요.

① 우산을 쓰면 앞이 잘 안 보여요.

②

③

④

3. 알맞은 말을 골라 써 봅시다.

오면   추워서   따뜻한   만들 수 있었다

어젯밤에 눈이 많이 왔다. 날씨가 ① _____ 두꺼운

외투를 입고 학교에 갔다. 점심을 먹고 반 친구들과 같이 운동장에서

눈싸움을 했다. 눈이 쌓여서 눈사람을 ② _____.

눈사람을 만들 때 나는 ③ _____ 장갑이 있어서 손이 얼지

않았다. 친구들과 재미있게 놀 수 있어서 정말 좋았다. 내일 또 눈이

④ _____ 좋겠다.

5 방학

① 방학하는 날

1. 어울리는 말을 연결하고 써 봅시다.

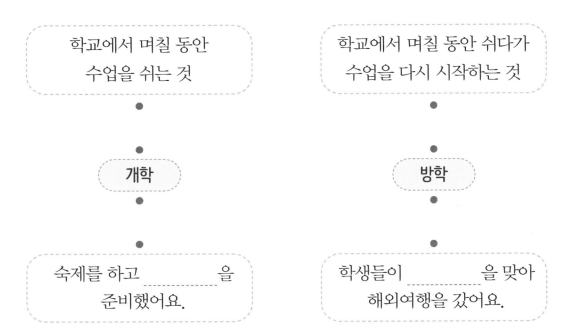

학교에서 며칠 동안
수업을 쉬는 것

학교에서 며칠 동안 쉬다가
수업을 다시 시작하는 것

개학

방학

숙제를 하고 _____을
준비했어요.

학생들이 _____을 맞아
해외여행을 갔어요.

2. 알맞은 낱말을 써 봅시다.

선생님: 7월 26일부터 8월 26일까지 ㅇ ㄹ ㅂ ㅎ 이에요. ㅂ ㅎ 재미
있게 보내세요.

장위: 8월 26일에 학교 와요?

선생님: 아니요, 8월 27일에 ㄱ ㅎ 하니까 그날 학교에 오세요.

장위: ㄱ ㅇ ㅂ ㅎ 은 언제예요?

선생님: ㄱ ㅇ ㅂ ㅎ 은 12월 24일부터 1월 28일까지예요.

① ㅂ ㅎ ➡ ☐ ☐   ③ ㅇ ㄹ ㅂ ㅎ ➡ ☐ ☐ ☐

② ㄱ ㅎ ➡ ☐ ☐   ④ ㄱ ㅇ ㅂ ㅎ ➡ ☐ ☐ ☐

방학, 방학하다, 개학, 개학하다, 여름 방학, 겨울 방학

–으니까

● 〈의사소통 한국어 2〉 106~107쪽

3. 어울리는 말을 연결하고 써 봅시다.

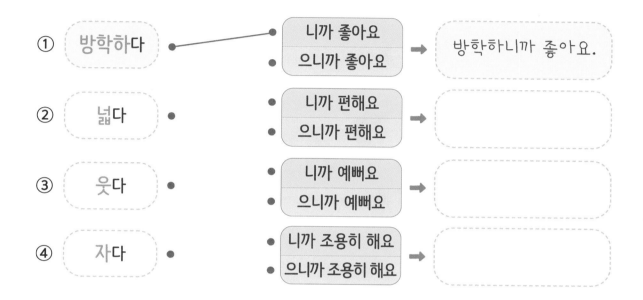

① 방학하다	니까 좋아요 / 으니까 좋아요	→ 방학하니까 좋아요.
② 넓다	니까 편해요 / 으니까 편해요	→
③ 웃다	니까 예뻐요 / 으니까 예뻐요	→
④ 자다	니까 조용히 해요 / 으니까 조용히 해요	→

4. 〈보기〉와 같이 써 봅시다.

〈보기〉 여기는 도서실이에요. 그러니까 조용히 해요.
➡ 여기는 <u>도서실이니까</u> 조용히 해요.

① 컵이 뜨거워요. 그러니까 만지지 마세요.
➡ 컵이 _____ 만지지 마세요.

② 날씨가 추워요. 그러니까 창문을 닫아 주세요.
➡ _____ 창문을 닫아 주세요.

③ 오늘 오후부터 비가 와요. 그러니까 우산을 준비해요.
➡ 오늘 오후부터 _____ 우산을 준비해요.

여름 방학

1. 그림에 어울리는 낱말을 골라 써 봅시다.

튜브   물안경   수영모   수영복

① _____

② _____

③ _____

④ _____

2. 알맞은 낱말을 넣어 문장을 완성해 봅시다.

타이선과 수영장에 갔다. ☐☐☐ 으로/로 갈아입고 머리에 ☐☐☐
을/를 썼다. 눈에 파란 ☐☐☐ 을/를 쓰니까 더 멋져 보였다. ☐☐ 을/를
타고 놀 때 물에 빠졌다. 물을 조금 먹었지만 재미있었다.

① ☐☐☐   ② ☐☐☐

③ ☐☐☐   ④ ☐☐

3. 〈보기〉와 같이 써 봅시다.

〈보기〉

언제 음식점에 가요?

<u>배가 고플 때</u> 음식점에 가요.
(배가 고프다)

① 언제 운동을 해요?

_____ 운동을 해요.
(심심하다)

② 언제 보건실에 가요?

_____ 보건실에 가요.
(아프다)

③ 언제 음악을 들어요?

_____ 음악을 들어요.
(슬프다)

4. 질문에 대답해 봅시다.

너는 언제 기분이 좋아?

② 나는 _____ 기분이 좋아.
(축구하다)

① 나는 <u>노래할 때</u> 기분이 좋아.
(노래하다)

③ 나는 _____
(여행하다)
기분이 좋아.

④ 나는 _____
기분이 좋아.

1. 어울리는 말을 연결하고 써 봅시다.

 ①

 연극

우리 동네에서 _____ 을/를 찍었습니다. 빨리 극장에서 보고 싶습니다.

 ②

영화

_____ 에서 옛날 물건들을 보았습니다. 처음 보는 것이 많았습니다.

③

미술관

_____ 을/를 본 후에 배우들과 사진을 찍었습니다.

 ④

박물관

_____ 에서 아름다운 그림을 많이 보았습니다. 나도 멋진 그림을 그리고 싶습니다.

2. 어울리는 말을 연결하고 써 봅시다.

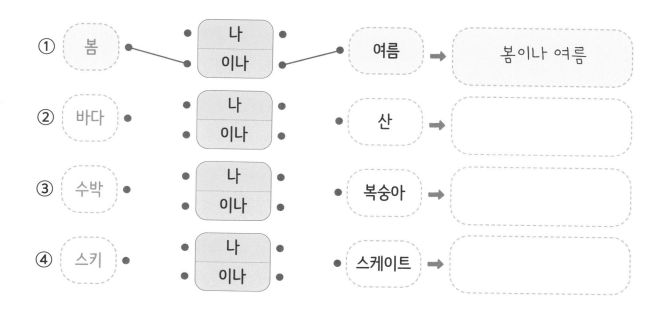

① 봄 — [나 / 이나] — 여름 ➡ 봄이나 여름

② 바다 — [나 / 이나] — 산 ➡ [　　　　]

③ 수박 — [나 / 이나] — 복숭아 ➡ [　　　　]

④ 스키 — [나 / 이나] — 스케이트 ➡ [　　　　]

3. 〈보기〉와 같이 써 봅시다.

〈보기〉
방학에 뭐 하고 싶어요?
방학에 그림 그리기나 만들기 를 하고 싶어요.
(그림 그리기, 만들기)

① 방과 후에 친구와 뭐 해요?
방과 후에 친구와 ＿＿＿＿＿＿＿＿＿＿ 을 해요.
(축구, 게임)

② 아침에 뭐 먹어요?
아침에 ＿＿＿＿＿＿＿＿＿ 을 먹어요.
(밥, 빵)

③ 방학에 어디 가고 싶어요?
방학에 ＿＿＿＿＿＿＿＿＿＿ 에 가고 싶어요.
(설악산, 제주도)

4 방학 규칙

1. 알맞은 낱말을 골라 쓰고 문장을 읽어 봅시다.

| 방학 | 일찍 | 싸우지 | 위험한 | 줄인다 | 일어난다 |

동생과 ＿＿＿＿＿ 않는다.

＿＿＿＿ 숙제를 열심히 한다.

운동을 열심히 한다.

＿＿＿＿ 놀이를 하지 않는다.

＿＿＿＿ 자고 일찍 ＿＿＿＿＿.

컴퓨터 게임 시간을 ＿＿＿＿.

2. 알맞은 낱말을 골라 써 봅시다.

| 싸우지 | 줄여요 | 위험해요 | 일어나요 |

① 그만 자고 ＿＿＿＿＿＿＿＿＿＿＿＿＿＿＿＿.

② 복도에서 뛰는 것은 ＿＿＿＿＿＿＿＿＿＿＿＿.

③ 친구와 ＿＿＿＿＿＿＿＿ 않고 사이좋게 지내요.

④ 이번 달에 쓰레기가 많아요. 다음 달은 쓰레기를 ＿＿＿＿＿.

일찍, 일어나다, 싸우다, 줄이다, 위험하다

–지 않다

〈의사소통 한국어 2〉 112~113쪽

3. 〈보기〉와 같이 써 봅시다.

〈보기〉

많이 힘들어요?

아니요, 힘들지 않아요.

① 지금 바빠요?

아니요, _____.

② 토요일에 학교 가요?

아니요, 토요일에 _____.

③ 아침에 늦게 일어나요?

아니요, 아침에 늦게 _____.

④ 한국어 공부하기 어려워요?

아니요, 한국어 공부하기 _____.

4. 문장을 바르게 고쳐서 나의 방학 규칙을 써 봅시다.

늦게 일어난다.

친구들과 싸운다.

위험한 놀이를 한다.

컴퓨터 게임을 많이 한다.

밤늦게 시끄럽게 떠든다.

방학 숙제를 나중에 한다.

운동을 열심히 하지 않는다.

땀을 흘리고 씻지 않는다.

나의 방학 규칙

① 친구들과 싸우지 않는다.

② _____.

③ _____.

④ _____.

⑤ _____.

5. 방학 • 69

1. 그림에 알맞은 낱말을 써 봅시다.

티셔츠

운동화

휴대 전화

2. 엠마와 엄마의 대화를 읽고 물음에 답해 봅시다.

엄마: 이번 방학에는 제주도로 여행 갈 거야.

엠마: 엄마, 제주도 가기 전에 뭐 준비해요?

엄마: 바다에 가니까 수영복이랑 모자를 준비해.

엠마: 한라산에도 가요?

엄마: 한라산에도 가. 한라산에 갈 때 운동화랑
우산도 가져갈 거야.

1) 읽고 맞는 것에 ∨ 하세요.

① 엠마는 엄마랑 제주도에 가요. ☐ 네 ☐ 아니요

② 엠마는 겨울 방학에 제주도에 다녀왔어요. ☐ 네 ☐ 아니요

③ 엠마는 제주도에서 바다에 갈 거예요. ☐ 네 ☐ 아니요

④ 한라산에 갈 때 슬리퍼랑 우산을 준비해요. ☐ 네 ☐ 아니요

2) 빈칸에 알맞은 말을 써 보세요.

① 이번 방학에 누가 제주도로 여행 가요?

➡ 이번 방학에 <u>엄마랑 엠마</u> 이/가 제주도로 여행 가요.
(엄마, 엠마)

② 엠마는 바다에 갈 때 뭘 준비해요?

➡ 엠마는 바다에 갈 때 ＿＿＿＿＿＿＿＿ 을/를 준비해요.
(수영복, 모자)

③ 엠마는 한라산에 갈 때 뭘 가져가요?

➡ 엠마는 한라산에 갈 때 ＿＿＿＿＿＿＿＿ 을/를 가져가요.
(운동화, 우산)

6 겨울 방학에 한 일

1. 친구들이 겨울 방학에 한 일을 읽어 봅시다.

나는 기차를 타고 할머니 댁에 갔어. 할머니께서 음식을 많이 해 주셨어. 정말 맛있었어.

나는 중국에서 친척을 만났어. 사촌들도 많이 모였어. 무척 반가웠어.

서영

장위

나는 영어를 배웠어. 매주 화요일과 목요일에 배웠어. 이제는 영어가 어렵지 않아.

나는 스키를 배웠어. 처음에는 무서웠어. 조금 타니까 재미있었어. 또 스키장에 가고 싶어.

타이선

오딜

1) 읽고 맞는 것에 ∨ 하세요.

① 오딜은 스키를 싫어해요. ☐ 네 ☐ 아니요

② 장위는 중국에서 사촌들을 만났어요. ☐ 네 ☐ 아니요

③ 타이선은 매주 수요일에 영어를 배웠어요. ☐ 네 ☐ 아니요

④ 서영이는 버스를 타고 할머니 댁에 갔어요. ☐ 네 ☐ 아니요

2) 친구들이 한 일을 써 보세요.

① 서영이는 기차를 타고 _____.

② 장위는 중국에서 _____.

③ 타이선은 매주 화요일과 목요일에 _____.

④ 오딜은 스키장에서 _____.

2. 다음 글에 맞는 그림이면 '네', 틀리면 '아니요'를 따라갑시다.

> 겨울 방학에 다니엘은 친구들과 눈싸움을 했어요.
> 서영이는 할머니 댁에 갔어요. 장위는 중국에서 친척을 만났어요.
> 오딜은 영어를 배웠어요. 준서는 눈썰매를 탔어요.

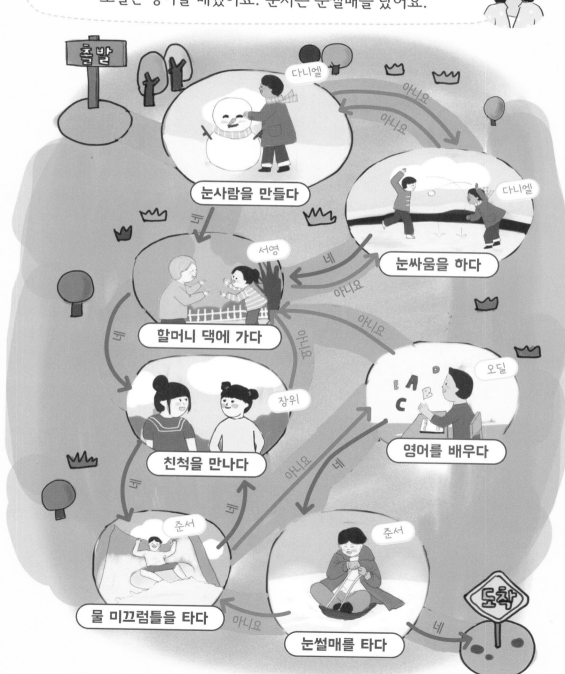

6 음식과 맛

1 음식과 맛

1. 어울리는 낱말을 연결하고 써 봅시다.

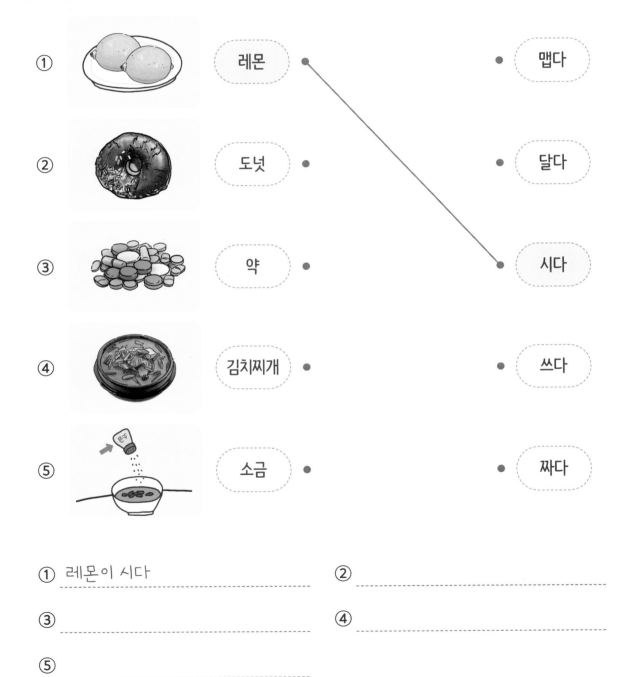

① 레몬   맵다

② 도넛   달다

③ 약   시다

④ 김치찌개   쓰다

⑤ 소금   짜다

① 레몬이 시다 _____   ② _____

③ _____   ④ _____

⑤ _____

2. 〈보기〉와 같이 써 봅시다.

> 〈보기〉　비행기를 타다 ➡ 비행기를 타 봤어요.

① 동물원에 가다 ➡ _____.

② 김치를 먹다 ➡ _____.

> 〈보기〉　불고기를 먹다 ➡ 불고기를 먹어 봐.

① 수영을 배우다 ➡ _____.

② 노래를 ★듣다 ➡ _____.

3. 다음 질문에 대답해 봅시다.

① 엠마, 너 놀이공원에 가 봤어?

① 응, _____
_____.

② 넌 한국 음식 중에서 뭐 먹어 봤어?

② _____
_____.

2 여러 가지 음식

1. 알맞은 음식 이름을 골라 써 봅시다.

김밥　　피자　　치킨　　케이크　　비빔밥　　생선구이

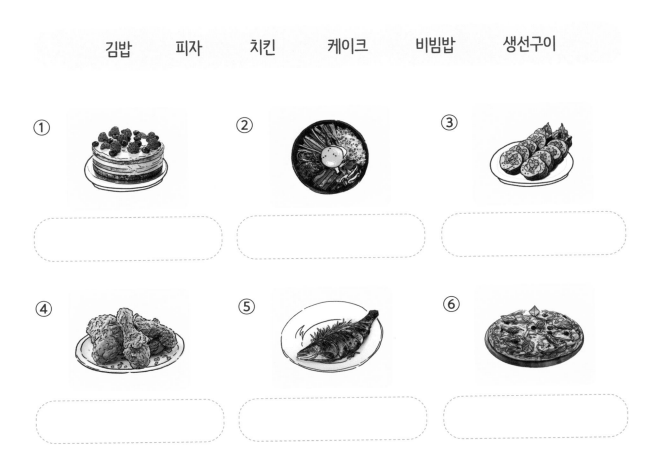

① _____

② _____

③ _____

④ _____

⑤ _____

⑥ _____

2. 알맞은 말을 찾아 ○표 해 봅시다.

① 서점에서 책을 | 샀어요 | 빌렸어요 | .

② 슈퍼마켓에서 아이스크림을 | 팔아요 | 만들어요 | .

③ 치킨이나 피자를 많이 먹으면 | 뚱뚱해져요 | 예뻐져요 | .

④ 급식 먹을 때 저는 채소 반찬을 잘 안 먹어요.

　　저는 채소를 | 싫어해요 | 좋아해요 | .

3. 〈보기〉와 같이 써 봅시다.

〈보기〉   **자주 먹다/음식** ➡ 자주 먹는 음식

① 날마다 만나다/친구   ➡ _____

② 요즘 읽다/책   ➡ _____

③ 주말마다 가다/곳   ➡ _____

④ 장난감을 ★팔다/가게   ➡ _____

4. 〈보기〉와 같이 대화를 만들어 봅시다

〈보기〉
유키: 타이선, 한국 음식 중에서 좋아하는 음식이 뭐야?

타이선: 한국 음식 중에서 좋아하는 음식은 불고기야.

(불고기)

① 자르갈: 촘푸, 부모님과 자주 가는 곳이 있어?

촘푸: 응, 부모님과 _____.

(공원)

② 오딜: 서영아, 수업 전에 날마다 하는 것이 뭐야?

서영: 수업 전에 _____.

(책 읽기)

③ 장위: 준서야, 엄마가 자주 만들어 주시는 음식이 뭐야?

준서: _____.

(김치찌개)

3 음식 먹는 방법

1. 다음 음식은 어떻게 먹을까요? 〈보기〉와 같이 써 봅시다.

〈보기〉

비빔밥   비비다

<u>비빔밥</u>은 <u>비벼서</u> 먹어요.

① 만두   간장   찍다

＿＿＿＿＿＿은/는 ＿＿＿＿＿＿에 ＿＿＿＿＿＿＿＿ 먹어요.

② 삼겹살   상추   싸다

＿＿＿＿＿＿은/는 ＿＿＿＿＿＿에 ＿＿＿＿＿＿＿＿ 먹어요.

③ 피자   접시   덜다

＿＿＿＿＿＿은/는 ＿＿＿＿＿＿에 ＿＿＿＿＿＿＿＿ 먹어요.

④ 빵   버터   바르다

＿＿＿＿＿＿은/는 ＿＿＿＿＿＿을/를 ＿＿＿＿＿＿＿＿ 먹어요.

⑤ 핫도그   케첩   뿌리다

＿＿＿＿＿＿은/는 ＿＿＿＿＿＿을/를 ＿＿＿＿＿＿＿＿ 먹어요.

2. 대화를 완성해 봅시다.

① 가: 삼겹살은 어떻게 먹어요?

나: 삼겹살은 _____.

② 가: 비빔밥은 어떻게 먹어요?

나: 비빔밥은 _____.

③ 가: 핫도그는 어떻게 먹어요?

나: 핫도그는 _____.

3. 〈보기〉와 같이 대화를 만들어 봅시다.

〈보기〉

좋아하는 음식이 뭐야?

나는 카레를 좋아해.

그래? 그런데 카레는 어떻게
먹는 거야?

카레는 밥과 비벼서 먹어.

좋아하는 음식이 뭐야?

_____.

그래? 그런데 _____

_____ ?

_____

_____.

1. 어울리는 낱말을 연결하고 써 봅시다.

① 생선 —————————— 굽다

② 과일 · · 섞다

③ 키위 · · 끓이다

④ 물 · · 자르다

⑤ 채소 · · 삶다

⑥ 달걀 · · 볶다

① 생선을 굽다   ② _____

③ _____   ④ _____

⑤ _____   ⑥ _____

2. 〈보기〉와 같이 써 봅시다.

〈보기〉　　**어제 먹다/음식**　➡　어제 먹은 음식

① **어제 읽다/책**　　　　➡　_____

② **방학 때 가다/수영장**　➡　_____

③ **지난주에 공부하다/것**　➡　_____

④ **아침에 ＊굽다/빵**　　　➡　_____

⑤ **아까 같이 ＊놀다/친구**　➡　_____

3. 〈보기〉와 같이 대화를 만들어 봅시다.

〈보기〉

장위: 촘푸, 점심에 먹은 음식이 뭐야?

촘푸: 점심에 먹은 음식은 갈비야.

(갈비)

① 오딜:　타이선, 지난 방학 때 부모님과 간 곳이 어디야?

　　타이선: 지난 방학 때 _____.

(제주도)

② 서영:　유키, 아까 교실 앞에서 만난 사람이 누구야?

　　유키: _____.

(서영)

③ 자르갈: 준서야, 어제 같이 본 책 제목이 뭐였어?

　　준서: _____.

(《우리 반 이야기》)

5 생일에 먹는 음식

1. 알맞은 낱말을 골라 써 봅시다.

> 생일   파티   마트   미역국   신나다

오늘은 제 ① _____ 이에요/예요.

오후에 친구들과 생일 ② _____ 을/를 할 거예요.

그래서 엄마가 ③ _____ 에서 과자와 음료수를 사 오셨어요.

그리고 엄마는 아침에 ④ _____ 도 끓여 주셨어요.

친구들과 만나서 파티할 생각을 하니까 정말 ⑤ _____ .

2. 알맞은 말을 찾아 ○표 해 봅시다.

① 저는 6월 4일에 태어났어요. 오늘이 6월 4일이에요.

   오늘은 제 ⟨ 생일이에요   방학이에요 ⟩ .

② 한국 사람들은 생일에 ⟨ 미역국을   된장찌개를 ⟩ 먹어요.

③ ⟨ 마트에   도서관에 ⟩ 가면 맛있는 음식도 있고 장난감도 있어요.

④ 운동장에서 친구들과 ⟨ 신나게   맛있게 ⟩ 놀았어요.

3. 〈보기〉와 같이 써 봅시다.

> 〈보기〉　**내일 먹다/음식**　➡　내일 먹을 음식

① 저녁에 읽다/책　　➡ _____

② 방학 때 가다/곳　　➡ _____

③ 수업 끝나고 하다/숙제　➡ _____

④ 학교 갈 때 입다/옷　➡ _____

⑤ 같이 ★놀다/친구　➡ _____

4. 〈보기〉와 같이 대화를 만들어 봅시다.

> 〈보기〉
> 자르갈: 유키, 다음 시간에 가지고 올 책은 뭐야?
> 유키:　다음 시간에 가지고 올 책은 국어 활동 책이야.
> 　　　　　　　　(국어 활동 책)

① 자르갈: 타이선, 내일 요리 시간에 만들 요리가 뭐야?

　타이선:　내일 요리 시간에 _____.
　　　　　　　　　　(피자)

② 아비가일: 서영아, 내일 볼 영화 제목이 뭐야?

　서영: _____.
　　　　　　　(〈비〉)

③ 오딜: 준서야, 이따가 먹을 간식이 뭐야?

　준서: _____.
　　　　　　(아이스크림)

6 급식 시간

1. 알맞은 말을 골라 써 봅시다.

더　　　　배식대　　　　식판을 들다　　　　음식이 흐르다　　　　식판을 돌리다

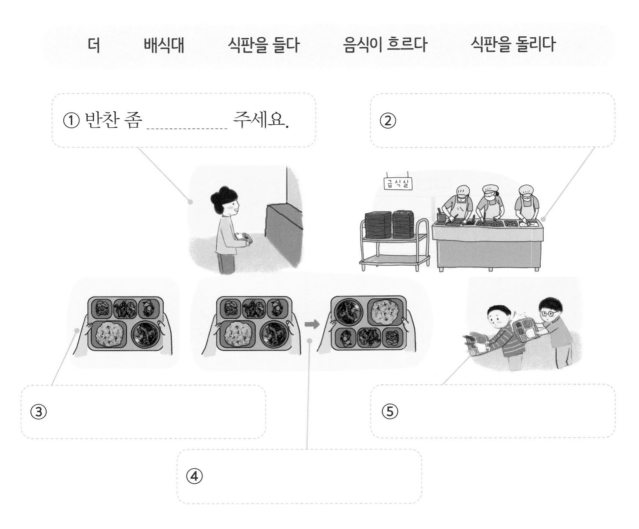

① 반찬 좀 _____ 주세요.

②

③

④

⑤

2. 알맞은 말을 찾아 ○표 해 봅시다.

① 급식을 받을 때 [배식대 앞에 | 교실 앞에] 줄을 서요.

② 급식을 받을 때 두 손으로 식판을 [들어요 | 돌려요].

③ 밥과 국을 받은 후에 식판을 [들지 않아요 | 돌리지 않아요].

④ 식판을 잘 들지 않으면 음식이 [흘러요 | 내려와요].

3. 장위의 이야기를 읽고 물음에 답해 봅시다.

점심시간에 급식실에 갔어요. 제가 식판을 잘못 들어서 음식이 흘렀어요. 음식이 흐를 때 서영이가 저에게 "음식이 흘러. 조심해." 하고 이야기해 줬어요. 그리고 "밥과 국을 더 먹고 싶을 때는 '더 주세요.' 하고 말해."라고 가르쳐 줬어요. 급식실에서 서영이가 저를 많이 도와줘서 정말 고마웠어요.

① 장위는 점심시간에 어디에 갔어요?

   ➡ _____

② 왜 음식이 흘렀어요?

   ➡ _____

③ 서영이는 장위에게 어떻게 말했어요?

   ➡ _____

④ 장위는 서영이가 왜 고마웠어요?

   ➡ _____

7 물건 사기

1 물건 가격

1. 그림을 보고 알맞은 말을 써 봅시다.

①		10원	십 원
②		50원	
③			
④		500원	
⑤			
⑥		5000원	
⑦		10000원	

2. '동전'은 '동', '지폐'는 '지'라고 써 봅시다.

3. 그림을 보고 〈보기〉와 같이 써 봅시다.

〈보기〉 지우개 300원   이 <u>지우개</u>는 <u>삼백 원</u>이에요.

① 아이스크림 800원   이 _____ 은/는 _____ 이에요.

② 과자 1500원   이 _____ 은/는 _____ 이에요.

③ 가방 7000원   이 _____ 은/는 _____ 이에요.

4. 〈보기〉와 같이 대화를 만들어 봅시다.

〈보기〉   지우개 500원   공책 900원   과자 1300원

〈보기〉 이 지우개 <u>얼마예요</u>?   <u>오백 원</u>이에요.

① 이 공책 _____ ?   <u>구백 원</u>이에요.

② 이 과자 _____ ?   _____ .

2 물건을 살 수 있는 곳

1. 물건을 살 수 있는 곳 5개를 찾아 써 봅시다.

정	다	구	공	브	편
진	마	트	론	디	의
시	인	난	백	화	점
장	바	시	눈	의	다
감	슈	퍼	마	켓	님

① | 시 | 장 |

② | | |

③ | | | |

④ | | | |

⑤ | | | | |

2. 그림을 보고 알맞은 말을 넣어 봅시다.

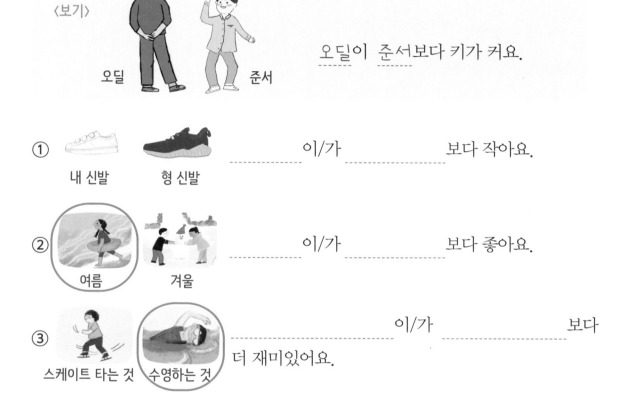

〈보기〉

오딜   준서

오딜이 준서보다 키가 커요.

① 내 신발   형 신발

_____이/가 _____보다 작아요.

② 여름   겨울

_____이/가 _____보다 좋아요.

③ 스케이트 타는 것   수영하는 것

_____이/가 _____보다 더 재미있어요.

3. 다음 질문에 답해 봅시다.

① 마트에 자주 가요? 시장에 자주 가요?

➡ 마트보다 시장에 자주 가요.

② 사회 시간이 재미있어요? 과학 시간이 재미있어요?

➡ _____

③ 집에서 슈퍼마켓이 가까워요? 편의점이 가까워요?

➡ _____

1. 알맞은 낱말을 골라 써 봅시다.

| 물감 | 도화지 | 실내화 |
| 연필깎이 | 신발주머니 | 스카치테이프 |

2. 알맞은 말을 골라 ○표 해 봅시다.

① (연필깎이로   스카치테이프로) 연필을 깎았어요.

② 교실에 들어갈 때 (실내화를   신발주머니를) 신으세요.

③ 미술 시간에 (물감에   도화지에) 그림을 그렸어요.

④ 공책이 찢어져서 (도화지로   스카치테이프로) 붙였어요.

3. 어울리는 것을 연결해 봅시다.

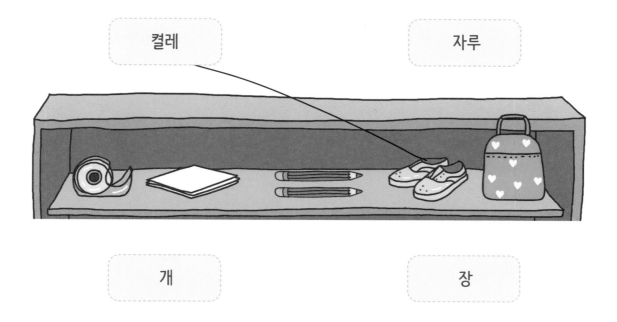

4. 〈보기〉와 같이 대화를 만들어 봅시다.

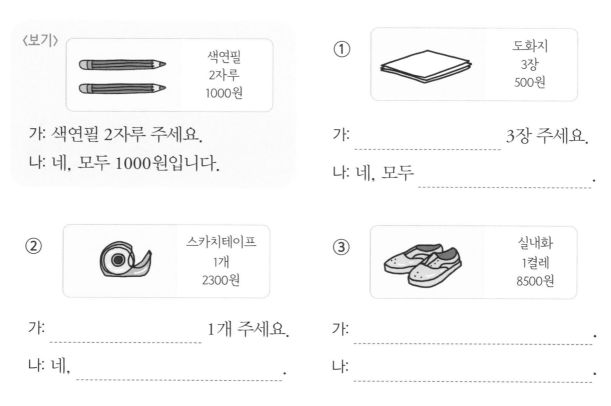

〈보기〉

색연필
2자루
1000원

가: 색연필 2자루 주세요.
나: 네, 모두 1000원입니다.

① 도화지
3장
500원

가: _____ 3장 주세요.
나: 네, 모두 _____ .

② 스카치테이프
1개
2300원

가: _____ 1개 주세요.
나: 네, _____ .

③ 실내화
1켤레
8500원

가: _____ .
나: _____ .

1. 알맞은 낱말을 골라 써 봅시다.

돈   봉지   계산   영수증   거스름돈

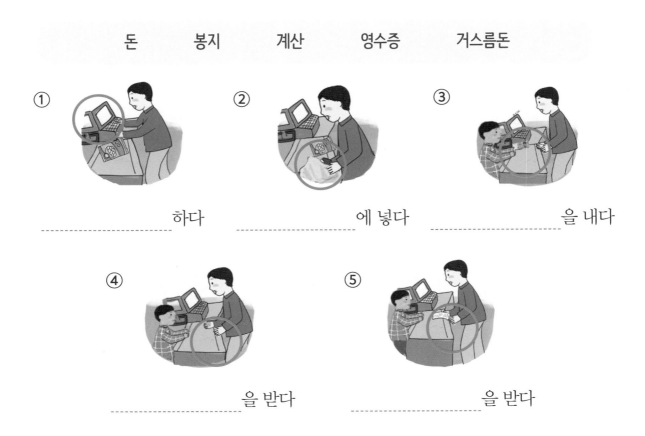

① _____ 하다   ② _____ 에 넣다   ③ _____ 을 내다

④ _____ 을 받다   ⑤ _____ 을 받다

2. 읽고 알맞은 말을 골라 ○표 해 봅시다.

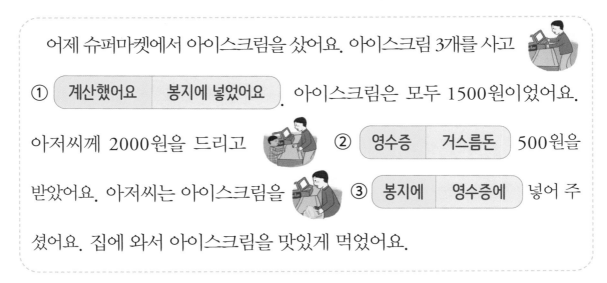

어제 슈퍼마켓에서 아이스크림을 샀어요. 아이스크림 3개를 사고

① [계산했어요   봉지에 넣었어요]. 아이스크림은 모두 1500원이었어요.

아저씨께 2000원을 드리고 ② [영수증   거스름돈] 500원을

받았어요. 아저씨는 아이스크림을 ③ [봉지에   영수증에] 넣어 주

셨어요. 집에 와서 아이스크림을 맛있게 먹었어요.

3. 〈보기〉와 같이 써 봅시다.

〈보기〉 같이 숙제하다 ➡ 같이 숙제할까요?

① 간식 먹다 ➡ _____

② 놀이터에 가다 ➡ _____

③ 창문을 ★열다 ➡ _____

④ 연필을 빌려주다 ➡ _____

4. 〈보기〉와 같이 대화를 만들어 봅시다.

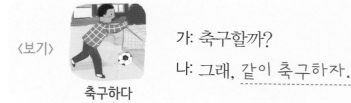

〈보기〉

축구하다

가: 축구할까?
나: 그래, 같이 축구하자.

① 도서관에서 책 읽다

가: _____?
나: 그래, 같이 _____.

② 봉지에 넣다

가: _____?
나: 네, 봉지에 넣어 주세요.

③ 사진을 찍다

가: _____?
나: _____.

1. 알맞은 말을 골라 써 봅시다.

| 고르다 | 마음에 들다 | 마음에 안 들다 |

①   ②   ③

--------------------   --------------------   --------------------

2. 다음 옷 중에서 여러분의 마음에 드는 것과 안 드는 것을 골라 써 봅시다.

티셔츠

긴 바지

원피스

반바지

치마

마음에 드는 것	마음에 안 드는 것

3. 어울리는 것을 연결하고 써 봅시다.

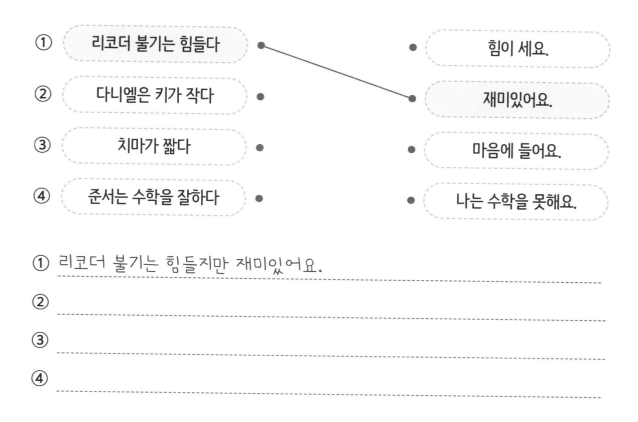

① 리코더 불기는 힘들다 — 재미있어요.

② 다니엘은 키가 작다 — 힘이 세요.

③ 치마가 짧다 — 마음에 들어요.

④ 준서는 수학을 잘하다 — 나는 수학을 못해요.

① 리코더 불기는 힘들지만 재미있어요.

②

③

④

4. 〈보기〉와 같이 대화를 만들어 봅시다.

〈보기〉 장위/키가 작다/달리기를 잘하다

➡ 장위는 키가 작지만 달리기를 잘해요.

① 원피스/마음에 들다/조금 비싸다

➡

② 이 티셔츠/색깔이 예쁘다/너무 크다

➡

6 용돈

1. 알맞은 말을 골라 써 봅시다.

용돈 기입장   용돈을 받다   용돈을 쓰다   용돈을 모으다

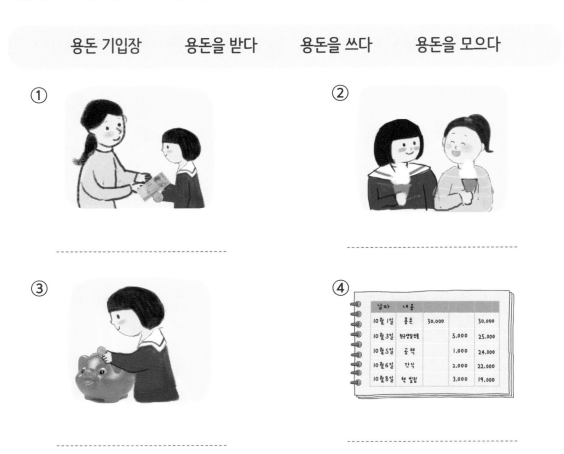

① _____   ② _____

③ _____   ④ _____

2. 읽고 알맞은 말을 골라 ○표 해 봅시다.

저는 한 달에 한 번 엄마에게서 용돈을 ① [받아요 써요].

용돈을 받으면 친구와 같이 슈퍼마켓에 가서 과자도 사 먹고 아이스크림도

사 먹어요. 저는 용돈을 빨리 ② [써요 모아요].

그런데 다음 달에 엄마 생신이 있어요. 그래서 용돈을 ③ [모아서 써서]

엄마 생신 선물을 살 거예요.

3. 〈보기〉와 같이 써 봅시다.

〈보기〉 과일을 좋아하다 ➡ 과일을 좋아하는 편이에요.

① 키가 크다 ➡ _____

② 아침에 일찍 일어나다 ➡ _____

③ 놀이터에서 자주 ★놀다 ➡ _____

④ 서영이는 다리가 ★길다 ➡ _____

4. 표를 보고 질문에 답해 봅시다.

질문	타이선	준서	다니엘
① 일주일에 용돈을 얼마 받아?	5000원	7000원	10000원
② 일주일에 태권도 학원에 몇 번 가?	5번	2번	3번
③ 하루에 몇 시간 게임을 해?	2시간	20분	1시간

① 가: 다니엘은 용돈을 많이 받아요?

나: 네, 다니엘은 용돈을 많이 받는 편이에요.

② 가: 타이선은 태권도 학원에 자주 가요?

나: 네, 타이선은 _____.

③ 가: 준서는 게임을 오래 해요?

나: 아니요, 준서는 _____.

8 예절

1 식사 예절

1. 알맞은 말을 골라 써 봅시다.

> 어른   기다리다   뒤적거리다   소리를 내다   골고루 먹다

① 교실 앞에서 친구를 [기다려요].

② [   ]에게 반말을 하면 안 돼요.

③ 도서관에서는 시끄러운 [   ]지 마세요.

④ 저는 좋아하는 반찬만 먹지 않고 [   ].

⑤ 내가 좋아하는 것만 먹고 싶어서 반찬을 [   ].

2. 식사 예절을 잘 지킨 친구와 안 지킨 친구를 찾아 이름을 써 봅시다.

나는 할아버지께서 먼저 드실 때까지 기다려.

나는 밥 먹기 전에 깨끗하게 손을 씻어.

나는 채소도 고기도 골고루 잘 먹어.

반찬을 이리저리 뒤적거릴 때도 있어.

서영

유키

장위

오딜

식사 예절을 잘 지킨 친구	식사 예절을 안 지킨 친구

예절을 지키다, 어른, 기다리다, 골고루 먹다, 소리를 내다, 뒤적거리다

-어야 하다

● 〈의사소통 한국어 2〉 172~173쪽

3. 〈보기〉와 같이 써 봅시다.

> 〈보기〉   알림장을 가지고 오다 ➡ 알림장을 가지고 와야 해요.

① 손을 씻다   ➡ _____.

② 일기를 ★쓰다   ➡ _____.

③ 쓰레기는 쓰레기통에 버리다 ➡ _____.

④ 선생님을 만나면 인사하다   ➡ _____.

⑤ 친구에게 나쁜 말을 하지 않다 ➡ _____.

4. 바른 식사 예절을 써 봅시다.

> **바른 식사 예절**
>
> ① 할아버지, 할머니, 부모님이 식사를 시작할 때까지
>
> _____.
>
> ② 밥을 먹기 전에 손을 _____.
>
> ③ 좋아하는 음식만 먹지 않아요. 음식을 _____.
>
> ④ 식사를 다 한 후에 "잘 먹었습니다." 하고 _____.

1. 알맞은 말을 연결해 봅시다.

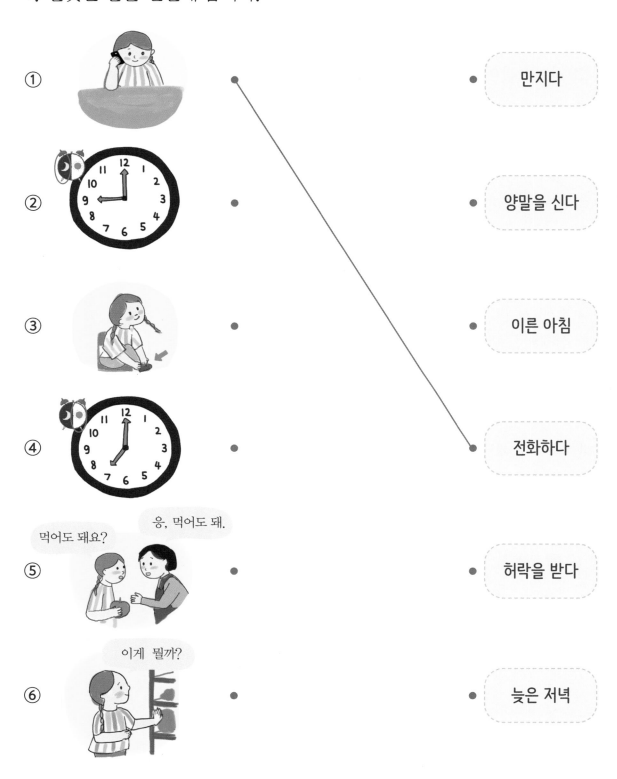

① ● · 만지다

② ● · 양말을 신다

③ ● · 이른 아침

④ ● · 전화하다

⑤ ● · 허락을 받다

먹어도 돼요? 응, 먹어도 돼.

⑥ ● · 늦은 저녁

이게 뭘까?

2. 〈보기〉와 같이 써 봅시다.

〈보기〉   운동화를 신다 ➡ 운동화를 신는 게 좋아요.

① 물통을 가지고 오다
➡
___

② 주스보다 물을 마시다
➡
___

③ 친구 물건을 만지지 않다
➡
___

④ 학교에 돈을 가지고 오지 않다
➡
___

3. 친구 집에 갈 때의 예절을 〈보기〉와 같이 써 봅시다.

〈보기〉
친구 집에 가기 전에 전화를 해야 해?

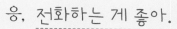 응, 전화하는 게 좋아.

 ① 친구 집에 갈때 양말을 신어야 해?

 응, ___ .

 ② 친구 물건을 마음대로 만져도 돼?

 아니, ___ .

1. 공공장소 6곳을 찾아 써 봅시다.

기	수	도	와	공	일
맘	리	서	루	항	고
영	화	관	서	내	기
버	스	정	류	장	차
치	바	지	하	철	역

① 공항

②

③

④

⑤

⑥

2. 공공장소에서의 예절을 맞게 말한 사람에게 ○표 해 봅시다.

① 차례를 지켜야 해요.

② 조용히 해야 해요.

③ 시끄럽게 해도 괜찮아요.

④ 뛰어다니지 않아요.

3. 알맞은 낱말을 골라 써 봅시다.

공항	음식점	영화관	도서관	버스 정류장	지하철역

① [　　　　　　]에서 비행기를 타요.

② [　　　　　　]에서 영화를 봐요.

③ [　　　　　　]에서 음식을 사 먹어요.

④ [　　　　　　]에서 책을 읽거나 빌려요.

⑤ [　　　　　　]에서 지하철을 타요.

⑥ [　　　　　　]에서 버스를 기다려요.

4. 다음 장소에서 어떤 예절을 지켜야 할까요? 알맞은 것을 골라 써 봅시다.

- 뛰어다니지 않아요.
- 차례를 지켜서 타야 해요.
- 사람들이 내린 후에 타야 해요.
- 친구와 큰 소리로 이야기하지 않아요.

도서관	지하철역
● _____	● _____
● _____	● _____

4 놀이터 예절

1. 알맞은 말을 골라 써 봅시다.

낙서하다   부딪히다   사과하다
거꾸로 올라가다   모래를 던지다   양보하다

①   ②   ③

④   ⑥   ⑤

미안해.

너 먼저
그네를 타.

2. 읽고 알맞은 말을 찾아 ○표 해 봅시다.

어제 놀이터에서 친구들과 같이 놀았어요. 그런데 갑자기 다니엘이

모래를 ① 던졌어요 / 부딪혔어요 . 그래서 눈에 모래가 들

어갔어요. 다니엘은 "미안해." 하고 ② 양보했어요 / 사과했어요 . 저는

다니엘에게 "앞으로 모래를 던지지 마." 하고 말했어요.

그리고 저는 오딜과 같이 미끄럼틀도 탔어요. 그런데 오딜은

③ 계단으로 올라왔어요 / 거꾸로 올라왔어요 . 그래서 오딜과

④ 부딪혔어요 / 낙서했어요 .

3. 〈보기〉와 같이 써 봅시다.

〈보기〉   일찍 일어나다 ➡   <u>일찍 일어날게요.</u>

① 채소를 잘 먹다 ➡

② 동생에게 양보하다 ➡

③ 나쁜 말을 하지 않다 ➡

④ 친구와 싸우지 않다 ➡

4. 〈보기〉와 같이 써 봅시다.

〈보기〉

요즘 아침에 늦게 일어나요.
내일부터 아침에 일찍
<u>일어날게요.</u>

① 맛있는 과자를 저 혼자
다 먹었어요. 앞으로는 동생과

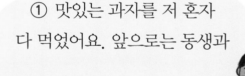

.

② 책상에 낙서를 했어요.
앞으로는

.

③ 엄마에게 말하지 않고
놀러 나갔어요. 앞으로는

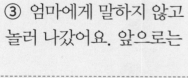

.

버스 예절

1. 알맞은 말을 골라 써 봅시다.

새치기하다	한 줄로 서다	손잡이를 잡다
차도	노약자석	하차 벨을 누르다

① ② ③

④ ⑤ ⑥

2. 알맞은 말을 찾아 ○표 해 봅시다.

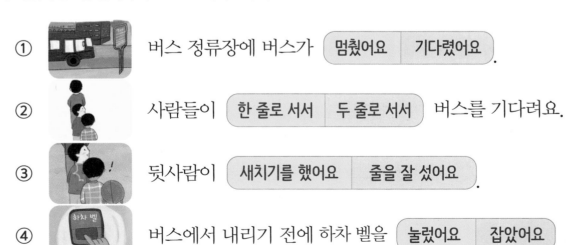

① 버스 정류장에 버스가 [멈췄어요 | 기다렸어요] .

② 사람들이 [한 줄로 서서 | 두 줄로 서서] 버스를 기다려요.

③ 뒷사람이 [새치기를 했어요 | 줄을 잘 섰어요] .

④ 버스에서 내리기 전에 하차 벨을 [눌렀어요 | 잡았어요] .

3. 어울리는 것을 연결하고 써 봅시다.

① 복도에서 뛰다 ●————● 천천히 걸어요.

② 좋아하는 음식만 먹다 ● ● 골고루 먹어요.

③ 컴퓨터 게임을 많이 하다 ● ● 친구에게 물어보고 쓰세요.

④ 친구 물건을 마음대로 쓰다 ● ● 조금만 하세요.

① 복도에서 뛰지 말고 천천히 걸어요.

② _____

③ _____

④ _____

4. 버스를 탈 때 지켜야 하는 예절을 써 봅시다.

> ### 버스를 탈 때 지켜야 하는 예절
>
> ① _____ 지 말고 버스가 멈출 때까지 기다리세요.
>
> ② _____ 지 말고 차례를 지키세요.
>
> ③ _____ 지 말고 앞문으로 타세요.
>
> ④ _____

6 음식점 예절

1. 알맞은 말을 골라 써 봅시다.

뜨거운 음식을 만지다   의자에 올라가다

코를 풀다   돌아다니다   음식을 쏟다

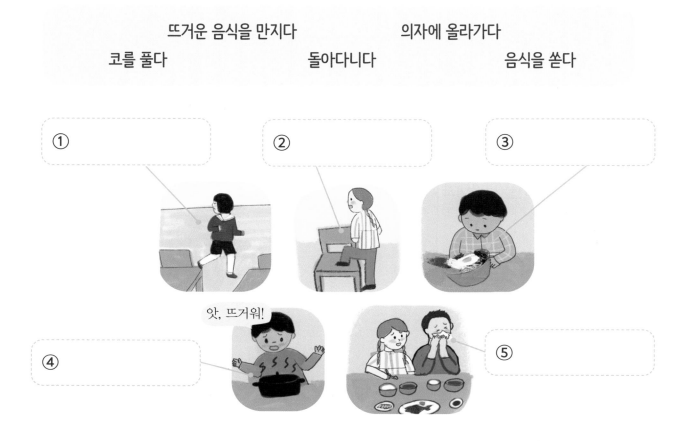

①
②
③
④
⑤

2. 음식점에서 어떻게 해야 합니까? 맞는 것에 ○표 해 봅시다.

① | 자리에 앉아 있어야 해요. | 이리저리 돌아다녀도 돼요. |

② | 뜨거운 음식을 만져요. | 뜨거운 음식을 조심해요. |

③ | 식탁 위에 음식을 쏟아요. | 음식을 쏟지 않아요. |

④ | 큰 소리로 코를 풀어요. | 밥 먹을 때 코를 풀지 않아요. |

3. 장위의 이야기를 읽고 물음에 답해 봅시다.

오늘 엄마, 아빠, 동생과 같이 삼겹살을 먹으러 음식점에 갔어요.

된장찌개도 나왔어요. 저는 고기와 찌개를 빨리 먹고 싶었어요.

그래서 저도 모르게 뜨거운 찌개 그릇을 만졌어요. 그런데

너무 뜨거워서 깜짝 놀랐어요. 엄마, 아빠도 깜짝 놀라셨어요.

엄마는 저에게 " ＿＿＿＿＿＿＿＿＿＿＿＿＿＿＿ " 하고

말씀하셨어요. 앞으로는 좀 더 조심해야겠어요.

① 장위는 가족들과 어디에 갔어요?

② 음식점에서 무엇을 먹었어요?

③ 왜 뜨거운 찌개 그릇을 만졌어요?

④ 엄마는 장위에게 무슨 말을 했을까요?

글씨 연습

1 단원 글씨를 바르게 써 봅시다.

넓	다	많	다	세	다	튼	튼	하	다
넓	다	많	다	세	다	튼	튼	하	다

그	네	를		밀	어		주	었	습	니	다	.
그	네	를		밀	어		주	었	습	니	다	.

	서	영	이	는		친	구	와		친	하	게
지	내	요	.	잘		웃	고		이	야	기	를
정	말		재	미	있	게		해	요	.		

글씨를 바르게 써 봅시다.

형	동 생	언 니	오 빠	누 나
형	동 생	언 니	오 빠	누 나

스	케	이	트	를		타	고		있	어	요	.
스	케	이	트	를		타	고		있	어	요	.

	아	버	지	께	서	는		회	사	에		다
니	세	요	.		요	리	하	는		것	과		책
읽	는		것	을		좋	아	하	세	요	.	

글씨를 바르게 써 봅시다.

수	업
수	업

숙	제
숙	제

시	간
시	간

복	습	하	다
복	습	하	다

집	에	서		아	빠	와		요	리	한		것
집	에	서		아	빠	와		요	리	한		것

	저	는		오	후		2	시	부	터		3
시	까	지		축	구	를		배	울		거	예
요	.	매	일		복	습	할		거	예	요	.

글씨를 바르게 써 봅시다.

덥	다
덥	다

춥	다
춥	다

맑	다
맑	다

흐	리	다
흐	리	다

눈	이		오	면		스	키	를		타	요	.
눈	이		오	면		스	키	를		타	요	.

	꽃	이		활	짝		피	었	어	요	.		저
는		예	쁜		꽃	을		볼		수		있	
어	서		봄	이		좋	아	요	.				

글씨를 바르게 써 봅시다.

모	자
모	자

우	산
우	산

휴	지
휴	지

운	동	화
운	동	화

파	도	가		칠		때		재	미	있	어	.
파	도	가		칠		때		재	미	있	어	.

	동	생	과		싸	우	지		않	는	다	.
위	험	한		놀	이	를		하	지		않	는
다	.	운	동	을		열	심	히		한	다	.

글씨를 바르게 써 봅시다.

굽	다
굽	다

볶	다
볶	다

삶	다
삶	다

끓	이	다
끓	이	다

생	일	에		미	역	국	을		먹	어	요	.
생	일	에		미	역	국	을		먹	어	요	.

	엄	마	가		요	리	를		하	실		거
예	요	.	엄	마	가		제		생	일	에	
만	들		음	식	은		잡	채	예	요	.	

글씨를 바르게 써 봅시다.

돈
돈

가	격
가	격

동	전
동	전

지	폐
지	폐

시	장
시	장

공	책		한		권	에		얼	마	예	요	?
공	책		한		권	에		얼	마	예	요	?

	빨	간		원	피	스	는		조	금		짧
지	만		모	양	이		마	음	에		들	어
서		자	주		입	는		편	이	에	요	.

8단원 글씨를 바르게 써 봅시다.

멈	추	다
멈	추	다

사	과	하	다
사	과	하	다

양	보	하	다
양	보	하	다

양	말	을		신	는		게		좋	아	요	.
양	말	을		신	는		게		좋	아	요	.

	버	스	가		움	직	일		때		자	리
에	서		일	어	나	지		말	고		버	스
가		멈	추	면		일	어	나	세	요	.	

✱ 잘 배웠나요?

I. _____ 에 들어갈 알맞은 말을 골라 봅시다. [1-8]

<보기>

(④)

_____ 에 갑니다. 소포를 보냅니다.

① 가게   ② 서점   ③ 공항   ④ 우체국

1. (   )

기린은 목이 _____ 펭귄은 다리가 짧습니다.

① 길고   ② 넓고   ③ 많고   ④ 적고

2. (   )

설날에 할아버지, 할머니께 _____ 을/를 하고 세뱃돈을 받았어요.

① 생신   ② 세배   ③ 입학   ④ 졸업

3. (   )

6월 25일부터 6월 28일까지 _____ 동안 수영 교육을 해요.

① 하루   ② 이틀   ③ 사흘   ④ 나흘

4. (　　　)

어젯밤에 비도 오고 ＿＿＿＿＿도 쳤어요. 정말 무서웠어요.

① 눈 ② 바람 ③ 미세 먼지 ④ 천둥 번개

5. (　　　)

우리 학교 ＿＿＿＿＿은/는 7월 26일부터 8월 26일까지입니다.

① 봄 방학 ② 여름 방학 ③ 겨울 방학 ④ 개학

6. (　　　)

삼겹살은 상추에 ＿＿＿＿＿ 먹어요.

① 뿌려서 ② 찍어서 ③ 비벼서 ④ 싸서

7. (　　　)

이 로봇은 크고 멋있어요. 저는 이 로봇이 마음에 ＿＿＿＿＿＿＿＿.

① 들어요 ② 나가요 ③ 놓아요 ④ 골라요

8. (　　　)

비행기를 타는 곳은 ＿＿＿＿＿＿＿이에요/예요.

① 공항 ② 기차역 ③ 지하철역 ④ 버스 정류장

Ⅱ. _____ 에 들어갈 알맞은 말을 골라 봅시다. [9-12]

9. (   )

> 빈센트는 2월에 한국에 왔어요. 그리고 3개월이 지났어요. 빈센트는 한국에
> _____ 3개월이 됐어요.

① 와서   ② 온 지   ③ 왔을 때   ④ 오기 전에

10. (   )

> 예쁜 꽃을 _____ 저는 봄이 좋아요.

① 보면   ② 보지 말고   ③ 보기 전에   ④ 볼 수 있어서

11. (   )

> 8월 27일에 _____ 그날 학교에 오세요.

① 개학하거나   ② 개학하게   ③ 개학하니까   ④ 개학하지 말고

12. (   )

> 아빠: 다니엘, 뜨거운 음식을 만지지 마.
> 다니엘: 네, 뜨거운 음식을 _____.

① 만져야 해요   ② 만질 수 있어요
③ 만지는 게 좋아요   ④ 만지지 않을게요

Ⅲ. 무슨 이야기입니까? 알맞은 것을 골라 봅시다. [13-16]

13. (   )

> 장위: 안녕, 나는 장위야. 만나서 반가워.
> 빈센트: 나는 빈센트야. 만나서 반가워.

① 가게   ② 놀이   ③ 수업   ④ 인사

14. (   )

> 할아버지, 할머니, 큰아버지, 작은아버지, 고모, 이모, 외삼촌

① 이웃   ② 친구   ③ 친척   ④ 학생

15. (   )

> 유키: 엄마, 지금 몇 도예요?
> 엄마: 영하 5도야. 추우니까 따뜻한 옷을 입고 나가는 게 좋겠어.

① 방학   ② 날씨   ③ 예절   ④ 행사

16. (   )

> 친구 집에 갈 때는 미리 전화를 드리고 허락을 받아야 해요.
> 그리고 친구 부모님을 만나면 인사를 해야 해요.

① 식사 예절   ② 음식점 예절
③ 공공장소 예절   ④ 친구 집 방문 예절

Ⅳ. 읽고 맞지 <u>않는</u> 것을 골라 봅시다. [17-20]

17. (   )

> 서영이는 친구와 친하게 지내요.
> 서영이는 잘 웃고 이야기를 재미있게 해요.
> 친구 말을 잘 들어주고 친절하게 말해요.

① 서영이는 잘 웁니다.

② 서영이는 친구와 친하게 지냅니다.

③ 서영이는 친구 말을 잘 들어줍니다.

④ 서영이는 이야기를 재미있게 합니다.

18. (   )

> 가: 월요일에 우리 학교에서 도서관 행사를 해요.
> 나: 도서관 행사에서 뭐 해요?
> 가: 동화 작가를 만나거나 독서 신문을 만들어요.
> 나: 둘 다 할 수 있어요?
> 다: 아니요. 하나만 할 수 있어요.

① 월요일에 도서관 행사를 합니다.

② 도서관 행사는 우리 학교에서 합니다.

③ 도서관 행사에서 동화 작가를 만날 수 있습니다.

④ 동화 작가를 만난 뒤에 독서 신문을 만들 수 있습니다.

19. (   )

선생님: 타이선, 오늘 저녁에 뭐 할 거예요?

타이선: 저녁을 먹고 국어 숙제를 할 거예요.

선생님: 숙제를 하고 나서 뭐 할 거예요?

타이선: 오늘 수학 시간에 배운 것을 다시 공부할 거예요

선생님: 아, 복습을 할 거예요? 내일 배울 것도 공부할 거예요?

타이선: 네, 엄마와 같이 공부할 거예요.

① 타이선은 저녁에 예습을 할 것입니다.

② 타이선은 저녁에 선생님과 공부를 할 것입니다.

③ 타이선은 저녁을 먹고 나서 숙제를 할 것입니다.

④ 타이선은 숙제를 하고 나서 수학 복습을 할 것입니다.

20. (   )

제5회 나래초등학교 알뜰 시장 행사

1. 언제: 5월 28일 금요일

2. 어디서: 교실

3. 누가: 나래초등학교 학생 모두

4. 준비물: 10개 정도의 물건

　　(학용품, 책, 장난감, 생활용품)

5. 알뜰 시장 일정

1교시	가게 이름 정하기, 물건 가격 정하기, 가격표 붙이기
2교시	알뜰 시장 하기
3교시	교실 정리

① 금요일에 알뜰 시장을 합니다.

② 운동장에서 알뜰 시장을 합니다.

③ 연필이나 장난감을 팔 수 있습니다.

④ 1교시에는 알뜰 시장 준비를 합니다.

정답

● '알고 있나요?' 정답

1. 예 제 이름은 린입니다. 베트남에서 왔어요.
   나래초등학교 5학년 3반입니다.
2. 예 이건 풀이에요. 저건 책이에요.
   네, 가방이 있어요. 아니요, 필통이 없어요.
3. ① 연필이 네 자루예요.
   ② 지우개가 다섯 개예요.
   ③ 공책이 두 권이에요.
   ④ 필통이 두 개예요.
4. 책이 의자 위에 있어요. 가방은 의자 옆에
   있어요. 공책은 의자 아래에 있어요. 필통은
   의자 뒤에 있어요.

5. 교실이 2층에 있어요. 교무실은 1층에 있어요.
6. 예 오후에 놀이터에 가요. 놀이터에서 친구
   하고 놀아요.
7. 예 쉬는 시간에 교실에서 친구들이 이야기
   해요. 저는 도서관에 책을 빌리러 가요.
8. 예 오늘은 3월 3일이에요. 화요일이에요.
   지금은 11시 25분이에요.
9. 예 저는 자전거를 탈 수 있어요. 수영할 수
   없어요.(수영을 못해요.)
10. 예 어제 동생하고 운동장에서 축구했어요.

1단원 친구

1. 친구와 인사하기

1. ① 안녕. ② 잘 가. ③ 반가워./반가워.
   ④ 고마워. ⑤ 괜찮아? ⑥ 축하해.
2.

① 많이 아파? — 아니, 괜찮아.
② 너 정말 잘한다. — 고마워.
③ 오늘이 내 생일이야. — 축하해.
④ 내 친구야. 서로 인사해. — 만나서 반가워.

---

2. 새 짝

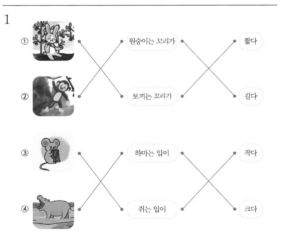

① 원숭이는 꼬리가 — 짧다
② 토끼는 꼬리가 — 길다
③ 하마는 입이 — 작다
④ 쥐는 입이 — 크다

② 길다 ③ 쥐는 입이 작다
④ 하마는 입이 크다
2. ② 날씬하다 ③ 세다
3. ① 세고/튼튼하다 ② 크고/길다
   ③ 짧고/작다

3. 친구에게 부탁하기

1. ② 던졌습니다 ③ 밀었습니다
   ④ 주었습니다 ⑤ 흔들었습니다
   ⑥ 뛰어갔습니다

2.

3. ① 에게 책을 줬어요
   ② 에게 연필을 선물했어요
   ③ 에게 편지를 보냈어요

4. ① 열어 주었습니다 ② 찍어 주었습니다
   ③ 불러 주었습니다

4. 친구 집

1. 넓다/깨끗하다/많다/들어가다
2. ① 깨끗하다 ② 예쁘다 ③ 넓다 ④ 많다
3.

4. 들어와도 돼/넓고/가져도 돼

5. 친한 친구

1. 친하게/재미있게/친절하게/좋아요
2. ① 좋다 ② 친하다 ③ 재미있다 ④ 친절하다
3. ① 세게 ② 짧게 ③ 길게 ④ 크게 ⑤ 예쁘게

4.
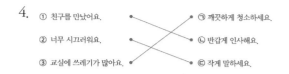

6. 친구 칭찬하기

1. 온 지/온 지/됐어요
2. ① 온 지 1년이 ② 배운 지 6개월이
   ③ 읽은 지 1주일이
3.
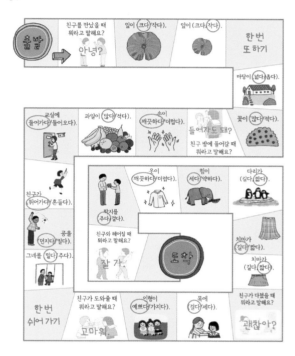

2단원 가족과 친척

1. 우리 가족

1. ① 할아버지 ② 할머니 ③ 아버지
   ④ 어머니 ⑤ 형
2. ① 오빠 ② 언니 ③ 남동생 ④ 여동생

2. 가족사진

1.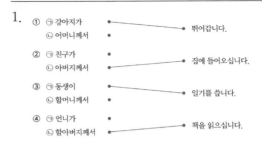
① ㉠ 강아지가 / ㉡ 어머니께서 ● ● 뛰어갑니다.
② ㉠ 친구가 / ㉡ 아버지께서 ● ● 집에 들어오십니다.
③ ㉠ 동생이 / ㉡ 할머니께서 ● ● 일기를 씁니다.
④ ㉠ 언니가 / ㉡ 할아버지께서 ● ● 책을 읽으십니다.

2. ① 웃으십니다 ③ 께서/보십니다

3.
① ● ● 친구들이 교실에 있습니다.
② ● ● 선생님께서 교실에 계십니다.
③ ● ● 동생이 낮잠을 잡니다.
④ ● ● 할머니께서 낮잠을 주무십니다.

4. 께서, 주무십니다/께서, 하십니다/께서, 읽으십니다

3. 가족 소개

1. ① 다니세요 ② 유치원 ③ 선생님 ④ 다녀요
2. ② 먹는 것/빵 먹는 것
3. 1) ① ☑ 아니요 ② ☑ 아니요
   ③ ☑ 네 ④ ☑ 아니요 ⑤ ☑ 네
   2) ② 아이스크림 먹는 것 ③ 음악 듣는 것

4. 가족 행사

1.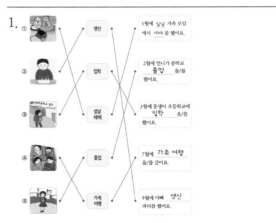
생신 / 입학 / 설날 세배 / 졸업 / 가족 여행
1월에 설날 가족 모임에서 세배를 했어요.
2월에 언니가 중학교 졸업을/를 했어요.
3월에 동생이 초등학교에 입학을/를 했어요.
7월에 가족 여행을/를 갔어요.
9월에 아빠 생신 파티를 했어요.

2.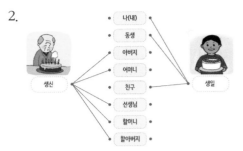

3. ① 설날 ② 세배 ③ 어버이날

5. 가족 안부

1. ① 수영을 하고 있어요
   ② 아이스크림을 먹고 있어요
   ③ 자동차를 타고 있어요
2. ① 요리를 하고 계십니다
   ② 텔레비전을 보고 계십니다
   ③ 빈센트를 소개하고 계십니다
3. ① 샤워하고 계세요
   ② 텔레비전을 보고 있어요
   ③ 밥을 먹고 있어요
   ④ 잠을 자고 있어요

6. 친척

1. ① 외할머니 ② 작은아버지 ③ 고모
   ④ 큰아버지 ⑤ 외삼촌 ⑥ 이모 ⑦ 사촌

2.
<놀이 방법>
① 친구와 몇 바퀴를 돌지 정해요.
② 주사위를 던져서 그 수만큼 앞으로 가요.
③ 설명을 읽고 낱말을 말해요.
= 낱말을 말하면 그 자리에 머물러요.
= 낱말을 말하지 못하면 처음 자리로 되돌아가요.
④ 출발로 먼저 돌아오는 사람이 이겨요.

3단원 학교 수업

1. 시간표

1.

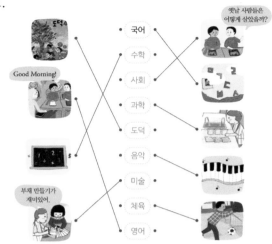

2. ① 놓은 후에 ② 고른 후에
   ① 고르기 전에 ② 하기 전에

2. 학교 준비물

1. 1) ① 준비하세요. ② 가져와요?
       ③ 나누어 줘요. ④ 아무것이나
2. ② 대화하기 ③ 일어나기 ④ 정리하기
3. ② 붙이기 ③ 만들기

3. 과학 시간

1.

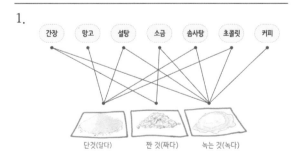

2. 섞은 것/섞은 것
3. ① 준 것 ② 먹은 것
   ③ 준비한 것/준비한 것

4.

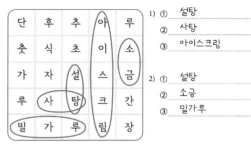

4. 수학 시간

1.

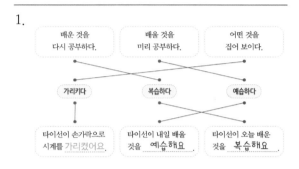

2. ① 7월부터 8월까지 태국에 갈 거예요
   ② 부터/까지/갈 거예요
   ③ 5일부터 8일까지 가족 여행을 갈 거예요
3. 1) ① ☑ 네 ② ☑ 네 ③ ☑ 네 ④ ☑ 아니요
   2) ② 수학을 예습할 거예요

5. 학교 수업

1.

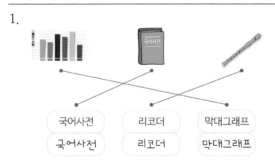

2. ① 숙제 ② 수업 ③ 시간
3. 1) 막대그래프
   2) 음악 수업
4. ① 수업 ② 시간 ③ 복습 ④ 예습 ⑤ 숙제

6. 학교 행사

1.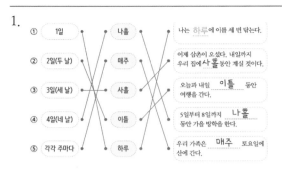

2. ① 흐리거나 ② 가거나
   ③ 텔레비전을 보거나

3. 1) ② 19일 ③ 31일

   2)

일	월	화	수	목	금	토
	1 줄넘기	2	3	4	5	6
7	8 줄넘기	9	10 독서 행사	11 독서 행사	12	13
14	15 줄넘기	16 수영 교육	17 수영 교육	18 수영 교육	19 수영 교육	20
21	22 줄넘기	23	24	25	26	27
28	29 줄넘기 영어 캠프	30 영어 캠프	31 영어 캠프			

학교 행사 계획

4단원 날씨와 계절

1. 오늘의 날씨

1. ② 맑다/맑아요. ③ 흐리다/흐려요.
   ④ 바람이 불다/바람이 불어요.
   ⑤ 눈이 오다/눈이 와요.
   ⑥ 천둥 번개가 치다/천둥 번개가 쳐요.
   ⑦ 영하 ⑧ 영상

2. ① 맑아요 ② 비가 ③ 천둥 번개가 쳤어요
   ④ 바람이 많이 불었어요 ⑤ 눈이 올 거예요

3. ① 천둥 번개가 쳐요 ② 날씨가 어때요
   ③ 날씨가 어때요

2. 날씨와 옷차림

1. ② 춥다/추워요. ③ 덥다/더워요.

④ 시원하다/시원해요.
⑤ 쌀쌀하다/쌀쌀해요.

2. ① 얇은 점퍼 ② 따뜻한 우유
   ③ 더운 날씨 ④ 긴 바지

3. ① ☑ 두꺼운 외투 ② ☑ 짧은 바지
   ③ ☑ 머리가 긴 사람 ④ ☑ 재미있는 책

4. ① 시원한 주스를 ② 빨간 비옷을 입었어요
   ③ 맛있는 비빔밥을 먹을 거예요

3. 여름 놀이

1.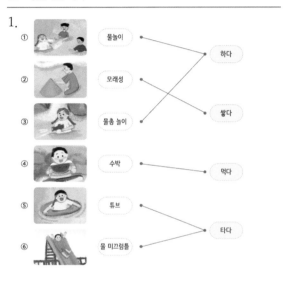

② 모래성을 쌓다
③ 물총 놀이를 하다
④ 수박을 먹다
⑤ 튜브를 타다
⑥ 물 미끄럼틀을 타다

2. ① 모래성도 쌓을 수 있어요
   ② 수박과 복숭아도 먹을 수 있어요
   ③ 있을 수 있어요

3. ① 먹을 수 있어요
   ② 수영할 수 없어요
   ③ 갈 수 없어요/갈 수 있어요

4. 겨울 놀이

1.

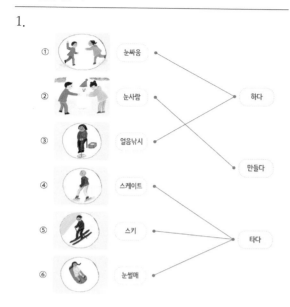

② 눈사람을 만들다
③ 얼음낚시를 하다
④ 스케이트를 타다
⑤ 스키를 타다
⑥ 눈썰매를 타다
2. ① 되면 ② 좋으면 ③ 들으면 ④ 떠들면
3. 겨울이 되면/눈싸움을 할 거예요/
   눈싸움을 하면

5. 좋아하는 계절

1.

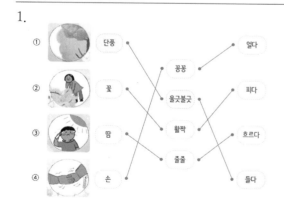

2. ② 꽃이 피었어요
   ③ 손이 얼었어요
   ④ 단풍이 들었어요

3.

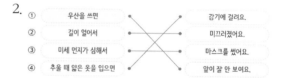

② 어제 교실 청소를 해서 교실이 깨끗해요.
③ 준서는 친절해서 친구들이 모두 좋아해요.
④ 내일이 유키 생일이어서 유키에게 카드를
   썼어요.
4. ① 노래를 잘해서
   ② 내일부터 방학이어서
   ③ 수업 시간에 도와줘서

6. 날씨에 따라 주의할 점

1. ② 길이 얼다 ③ 마스크를 쓰다
   ④ 감기에 걸리다 ⑤ 미끄러지다
   ⑥ 미세 먼지가 심하다

2.

① 우산을 쓰면		감기에 걸려요
② 길이 얼어서		미끄러졌어요
③ 미세 먼지가 심해서		마스크를 썼어요
④ 추울 때 얇은 옷을 입으면		앞이 잘 안 보여요

② 길이 얼어서 미끄러졌어요.
③ 미세 먼지가 심해서 마스크를 썼어요.
④ 추울 때 얇은 옷을 입으면 감기에 걸려요.
3. ① 추워서 ② 만들 수 있었다 ③ 따뜻한
   ④ 오면

5단원 방학

1. 방학하는 날

1.

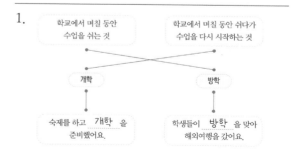

2. ① 방학 ② 개학 ③ 여름 방학 ④ 겨울 방학
3.

4. ① 뜨거우니까
   ② 날씨가 추우니까
   ③ 비가 오니까

2. 여름 방학

1. ① 물안경 ② 수영모 ③ 수영복 ④ 튜브
2. ① 수영복으로 ② 수영모를 ③ 물안경을
   ④ 튜브를
3. ① 심심할 때 ② 아플 때 ③ 슬플 때
4. ② 축구할 때 ③ 여행할 때

3. 방학 숙제

1.

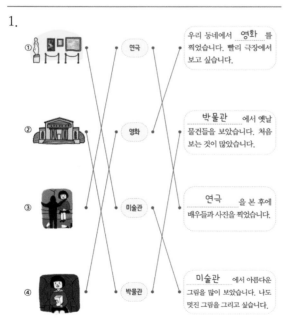

2.

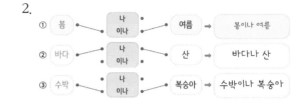

3. ① 축구나 게임 ② 밥이나 빵
   ③ 설악산이나 제주도

4. 방학 규칙

1. 싸우지/방학/위험한/일찍/일어난다/줄인다
2. ① 일어나요 ② 위험해요
   ③ 싸우지 ④ 줄여요
3. ① 바쁘지 않아요 ② 학교 가지 않아요
   ③ 일어나지 않아요 ④ 어렵지 않아요
4. ② 늦게 일어나지 않는다
   ③ 위험한 놀이를 하지 않는다
   ④ 컴퓨터 게임을 많이 하지 않는다
   ⑤ 밤늦게 시끄럽게 떠들지 않는다

5. 방학 여행

1. 반바지/모자/양말/속옷/휴지/우산
2. 1) ① ☑ 네 ② ☑ 아니요
      ③ ☑ 네 ④ ☑ 아니요
   2) ② 수영복이랑 모자 ③ 운동화랑 우산

6. 겨울 방학에 한 일

1. 1) ① ☑ 아니요 ② ☑ 네
      ③ ☑ 아니요 ④ ☑ 아니요
   2) ① 할머니 댁에 갔어요
      ② 사촌들을(친척을) 만났어요
      ③ 영어를 배웠어요
      ④ 스키를 배웠어요

2.

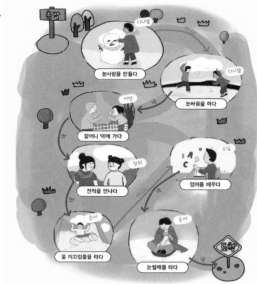

6단원 **음식과 맛**

1. 음식과 맛

1.

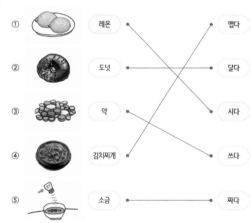

　　② 도넛이 달다　③ 약이 쓰다
　　④ 김치찌개가 맵다　⑤ 소금이 짜다
2. ① 동물원에 가 봤어요
　　② 김치를 먹어 봤어요
　　① 수영을 배워 봐
　　② 노래를 들어 봐
3. ① 놀이공원에 가 봤어
　　② 불고기와 삼겹살을 먹어 봤어

2. 여러 가지 음식

1. ① 케이크　② 비빔밥　③ 김밥
　　④ 치킨　⑤ 생선구이　⑥ 피자
2. ② 팔아요　③ 뚱뚱해져요　④ 싫어해요
3. ① 날마다 만나는 친구
　　② 요즘 읽는 책
　　③ 주말마다 가는 곳
　　④ 장난감을 파는 가게
4. ① 자주 가는 곳은 공원이야
　　② 날마다 하는 것은(건) 책 읽기야
　　③ 엄마가 자주 만들어 주시는 음식은 김치찌
　　　개야

3. 음식 먹는 방법

1. ① 만두는/간장/찍어서
　　② 삼겹살은/상추/싸서
　　③ 피자는/접시/덜어서
　　④ 빵은/버터를/발라서
　　⑤ 핫도그는/케첩을/뿌려서
2. ① 상추에 싸서 먹어요
　　② 밥과 채소와 달걀을 비벼서 먹어요
　　③ 케첩을 뿌려서 먹어요
3. 나는 초밥을 좋아해/초밥은 어떻게 먹는 거야/
　 초밥은 간장에 찍어서 먹어

4. 요리법

1.

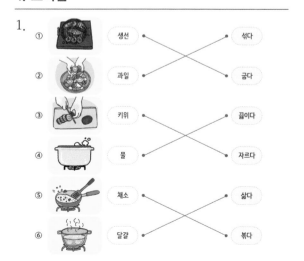

② 과일을 썰다 ③ 키위를 자르다
④ 물을 끓이다 ⑤ 채소를 볶다
⑥ 달걀을 삶다
2. ① 어제 읽은 책 ② 방학 때 간 수영장
③ 지난주에 공부한 것 ④ 아침에 구운 빵
⑤ 아까 같이 논 친구
3. ① 부모님과 간 곳은 제주도야
② 아까 교실 앞에서 만난 사람은 서영이야
③ 어제 같이 본 책 제목은《우리 반 이야기》야

5. 생일에 먹는 음식

1. ① 생일이에요 ② 파티를 ③ 마트
④ 미역국 ⑤ 신나요
2. ② 미역국을 ③ 마트에 ④ 신나게
3. ① 저녁에 읽을 책
② 방학 때 갈 곳
③ 수업 끝나고 할 숙제
④ 학교 갈 때 입을 옷
⑤ 같이 놀 친구
4. ① 만들 요리는 피자야
② 내일 볼 영화 제목은 〈비〉야
③ 이따가 먹을 간식은 아이스크림이야

6. 급식 시간

1. ① 더 ② 배식대 ③ 식판을 들다
④ 식판을 돌리다 ⑤ 음식이 흐르다
2. ① 배식대 앞에 ② 들어요
③ 돌리지 않아요 ④ 흘러요
3. ① 장위는 점심시간에 급식실에 갔어요.
② 장위가 식판을 잘못 들어서 음식이 흘렀어요.
③ "음식이 흘러, 조심해."
④ 서영이가 도와줘서 고마웠어요.

7단원 물건 사기

1. 물건 가격

1. ② 오십 원 ③ 100원/백 원 ④ 오백 원
⑤ 1000원/천 원 ⑥ 오천 원 ⑦ 만 원
2.

3. ① 아이스크림은/팔백 원
② 과자는/천오백 원 ③ 가방은/칠천 원
4. ① 얼마예요 ② 얼마예요/천삼백 원이에요

2. 물건을 살 수 있는 곳

1.

정	다	구	공	브	편
진	마	트	론	디	의
시	인	난	백	화	점
장	바	시	눈	의	다
감	슈	퍼	마	켓	님

② 마트 ③ 백화점 ④ 편의점 ⑤ 슈퍼마켓
2. ① 내 신발이/형 신발 ② 여름이/겨울
③ 수영하는 것이/스케이트 타는 것
3. ② 과학 시간이 사회 시간보다 재미있어요.
(사회 시간이 과학 시간보다 재미있어요.)
③ 슈퍼마켓이 편의점보다 가까워요.(편의점
이 슈퍼마켓보다 가까워요.)

3. 문구점에서 학용품 사기

1. ① 물감 ② 스카치테이프 ③ 신발주머니
  ④ 연필깎이 ⑤ 실내화 ⑥ 도화지
2. ② 실내화를 ③ 도화지에 ④ 스카치테이프로
3.

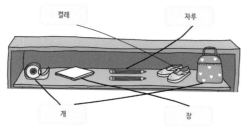

4. ① 도화지/천오백 원입니다
  ② 스카치테이프/이천삼백 원입니다
  ③ 실내화 한 켤레 주세요/네, 팔천오백 원입니다

4. 슈퍼마켓에서 물건 사기

1. ① 계산 ② 봉지 ③ 돈
  ④ 거스름돈 ⑤ 영수증
2. ① 계산했어요 ② 거스름돈 ③ 봉지에
3. ① 간식 먹을까요?
  ② 놀이터에 갈까요?
  ③ 창문을 열까요?
  ④ 연필을 빌려줄까요?
4. ① 도서관에서 책 읽을까/도서관에서 책 읽자
  ② 봉지에 넣어 줄까
  ③ 사진을 찍어 줄까/그래, 사진을 찍어 줘

5. 옷 고르기

1. ① 마음에 들다 ② 고르다 ③ 마음에 안 들다
3.

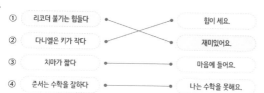

② 다니엘은 키가 작지만 힘이 세요.
③ 치마가 짧지만 마음에 들어요.
④ 준서는 수학을 잘하지만 나는 수학을 못
  해요.
4. ① 원피스는 마음에 들지만 조금 비싸요
  ② 이 티셔츠는 색깔이 예쁘지만 너무 커요

6. 용돈

1. ① 용돈을 받다 ② 용돈을 쓰다
  ③ 용돈을 모으다 ④ 용돈 기입장
2. ① 받아요 ② 써요 ③ 모아서
3. ① 키가 큰 편이에요.
  ② 아침에 일찍 일어나는 편이에요.
  ③ 놀이터에서 자주 노는 편이에요.
  ④ 서영이는 다리가 긴 편이에요.
4. ② 태권도 학원에 자주 가는 편이에요
  ③ 게임을 오래 하는 편이 아니에요

8단원 　예절

1. 식사 예절

1. ② 어른 ③ 소리를 내
  ④ 골고루 먹어요 ⑤ 뒤적거려요
2. 식사 예절을 잘 지킨 친구: 장위/서영/유키
  식사 예절을 안 지킨 친구: 오딜
3. ① 손을 씻어야 해요
  ② 일기를 써야 해요
  ③ 쓰레기는 쓰레기통에 버려야 해요
  ④ 선생님을 만나면 인사해야 해요
  ⑤ 친구에게 나쁜 말을 하지 않아야 해요
4. ① 기다려야 해요 ② 씻어야 해요
  ③ 골고루 먹어야 해요 ④ 인사를 해야 해요

2. 친구 집 방문 예절

1.

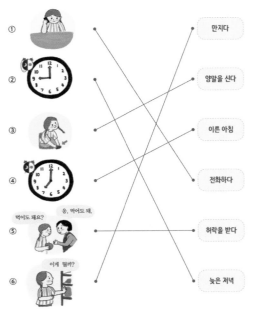

2. ① 물통을 가지고 오는 게 좋아요.

② 주스보다 물을 마시는 게 좋아요.

③ 친구 물건을 만지지 않는 게 좋아요.

④ 학교에 돈을 가지고 오지 않는 게 좋아요.

3. ① 양말을 신는 게 좋아

② 허락을 받고 만지는 게 좋아

3. 공공장소

1.

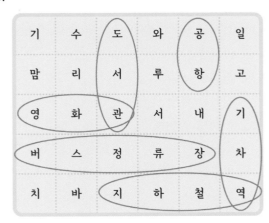

② 영화관 ③ 도서관 ④ 기차역

⑤ 지하철역 ⑥ 버스 정류장

2. ①/②/④

3. ① 공항 ② 영화관 ③ 음식점 ④ 도서관

⑤ 지하철역 ⑥ 버스 정류장

4. 도서관: 뛰어다니지 않아요.

친구와 큰 소리로 이야기하지 않아요.

지하철역: 사람들이 내린 후에 타야 해요.

차례를 지켜서 타야 해요.

4. 놀이터 예절

1. ① 모래를 던지다 ② 사과하다 ③ 양보하다

④ 낙서하다 ⑤ 거꾸로 올라가다 ⑥ 부딪히다

2. ① 던졌어요 ② 사과했어요

③ 거꾸로 올라왔어요 ④ 부딪혔어요

3. ① 채소를 잘 먹을게요.

② 동생에게 양보할게요.

③ 나쁜 말을 하지 않을게요.

④ 친구와 싸우지 않을게요.

4. ① 같이 먹을게요

② 책상에 낙서를 하지 않을게요

③ 엄마에게 말하고 나갈게요

5. 버스 예절

1. ① 차도 ② 새치기하다 ③ 한 줄로 서다

④ 손잡이를 잡다 ⑤ 하차 벨을 누르다

⑥ 노약자석

2. ① 멈췄어요 ② 한 줄로 서서

③ 새치기를 했어요 ④ 눌렀어요

3.

② 좋아하는 음식만 먹지 말고 골고루 먹어요.

③ 컴퓨터 게임을 많이 하지 말고 조금만

하세요.

④ 친구 물건을 마음대로 쓰지 말고 친구에게

물어보고 쓰세요.

4. ① 차도에 내려가

② 새치기하

③ 뒷문으로 타

④ 버스 안에서 그냥 서 있지 말고 손잡이를
   잡으세요.

6. 음식점 예절

1. ① 돌아다니다

② 의자에 올라가다

③ 음식을 쏟다

④ 뜨거운 음식을 만지다

⑤ 코를 풀다

2. ① 자리에 앉아 있어야 해요.

② 뜨거운 음식을 조심해요.

③ 음식을 쏟지 않아요.

④ 밥 먹을 때 코를 풀지 않아요.

3. ① 장위는 가족들과 음식점에 갔어요.

② 삼겹살과 김치찌개를 먹었어요.

③ 빨리 먹고 싶어서

④ 뜨거운 음식을 만지지 마./뜨거운 음식을
   조심해.

● '잘 배웠나요?' 정답

1. ①　2. ②　3. ④　4. ④　5. ②　6. ④　7. ①　8. ①　9. ②　10. ④

11. ③　12. ④　13. ④　14. ③　15. ②　16. ④　17. ①　18. ④　19. ②　20. ②

기획 · 담당 연구원 ——

정혜선 국립국어원 학예연구사
이승지 국립국어원 연구원
박지수 국립국어원 연구원

집필진 ——

책임 집필
이병규 서울교육대학교 국어교육과 교수

공동 집필
박지순 연세대학교 글로벌인재학부 교수
손희연 서울교육대학교 국어교육과 교수
안찬원 서울창도초등학교 교사
오경숙 서강대학교 전인교육원 교수
이효정 국민대학교 교양대학 교수
김세현 서울명신초등학교 교사
김정은 서울가원초등학교 교사
박유현 연세대학교 언어연구교육원 한국어학당 강사

박지현 연세대학교 언어연구교육원 한국어학당 강사
박혜연 서울교대부설초등학교 교사
신윤정 서울도림초등학교 교사
신현진 서울강동초등학교 교사
이은경 세종사이버대학교 한국어학과 교수
이현진 서울천일초등학교 교사
조인옥 연세대학교 언어연구교육원 한국어학당 교수
강수연 서울구로중학교 다문화이중언어 교원

초등학생을 위한
표준 한국어 익힘책
고학년 의사소통 2

ⓒ 국립국어원 기획 | 이병규 외 집필

초판 1쇄 발행 | 2020년 2월 5일
초판 6쇄 발행 | 2024년 10월 7일

기획 | 국립국어원
지은이 | 이병규 외
발행인 | 정은영
책임 편집 | 한미경
디자인 | 표지디자인붐, 박현정 본문박현정, 이경진, 정혜미
일러스트 | 우민혜, 민효인, 김채원, 고굼씨
사진 제공 | 셔터스톡

펴낸곳 | 마리북스
출판 등록 | 제2019-000292호
주소 | (04037) 서울시 마포구 양화로 59 화승리버스텔 503호
전화 | 02)336-0729, 0730
팩스 | 070)7610-2870
이메일 | mari@maribooks.com
인쇄 | (주)신우인쇄

ISBN 979-11-89943-24-0 (64710)
        979-11-89943-11-0 (64710) set